Brenda Barnaby
Das Geheimnis hinter "The Secret"

Das
Geheimnis
hinter "The Secret"

Aus dem Spanischen übertragen von Andrea Fischer

Brenda Barnaby

//////////////////////////// SILBERSCHNUR ////////////////////////////////

Copyright © 2007 Ediciones Robinbook, s. l., Barcelona
Originaltitel: „Más allá de El Secreto"
Copyright © der deutschen Ausgabe Verlag „Die Silberschnur" GmbH

Alle Rechte vorbehalten.
Außer zum Zwecke kurzer Zitate für Buchrezensionen darf kein Teil dieses Buches ohne schriftliche Genehmigung durch den Herausgeber nachproduziert, als Daten gespeichert oder in irgendeiner Form oder durch irgendein anderes Medium verwendet bzw. in einer anderen Form der Bindung oder mit einem anderen Titelblatt als dem der Erstveröffentlichung in Umlauf gebracht werden, und auch Wiederverkäufern nicht zu anderen Bedingungen als diesen weitergegeben werden.

ISBN: 978-3-89845-242-7

1. Auflage 2008

Fotonachweise im Buch: S. 21 Jan Mocnak; S. 26-27 Quim Berenguer; S. 39 Kenson Lai; S. 44 Mátyás Huszár; S. 55 Jolka Igolka; S. 102 Greg Wallace; S. 128-129 Alberti Jiménez; S. 62, 71, 81, 90-91, 113, 116, 141, 142, 158-159, 169 Jupiterimages
Übersetzung: Andrea Fischer
Satz: P S Design, Lindenfels
Umschlaggestaltung und Layout: La Cifra
Druck: Finidr, s.r.o. Cesky Tesin

Silberschnur Verlag • Steinstraße 1 • D-56593 Güllesheim
www.silberschnur.de • Email: info@silberschnur.de

Inhalt

Vorwort 10

1. Altes Wissen neu entdeckt 13
   Die intelligente Ursuppe 16
   Die schöpferische Kraft des Geistes 17
   Die Kraft der mentalen Schwingungen 19
   Eine Philosophie, die zum Erfolg führt 22
   Die Rolle der Willenskraft 24
   Wir tragen unser ganzes Potenzial in uns 28

2. Die Chance für das Neue Jahrtausend 31
   Das große Gesetz des Universums 34
   Die Lehre des Neuen Denkens 38

3. Lernen Sie, Ihren Geist zu erforschen 47
   Analysieren Sie Ihre gegenwärtige Situation 49
   Praktizieren Sie die Tiefenatmung 52
   Steigern Sie Ihre Konzentrationsfähigkeit 61
   Vertreiben Sie negative Gedanken 70
   Überwinden Sie Ihre Ängste und Befürchtungen 76
   Üben Sie die Visualisierung 85

4. Wie Sie Ihr Leben verändern können 97
   Erstreben Sie spirituelle Harmonie und mentale Balance 100
   Nutzen Sie Visualisierungen zur Heilung 111
   Intensivieren Sie Ihre zwischenmenschlichen Beziehungen . . . 123
   Erreichen Sie Ihre beruflichen und privaten Ziele 136
   Schaffen Sie sich dauerhaften finanziellen Wohlstand 146

5. Quellen für spirituelles und philosophisches Wissen 153
   Hinduismus – die älteste Religion 156
   Buddhismus – der Kult ohne Gott 159
   Reiki – die Energie, die alles heilt 164
   Pythagoras und die Neoplatoniker 165
   Franz Mesmer und der beseelte Magnetismus 168
   Die Theorie von der emotionalen Intelligenz 170

Anhang
   Autoren, die zur Erstellung dieses Buches zu Rate gezogen wurden   173

Wir wissen, wer wir sind, aber wir wissen nicht, wer wir sein könnten.
William Shakespeare

Wir können es schaffen, so zu werden, wie wir sein wollen.
Pico della Mirandolla

Vorwort

Der Hauptbeweggrund, der mich dazu veranlasst hat, dieses Buch zu schreiben, ist die Überzeugung, dass unser Leben eine einmalige Chance für uns ist. Diese Überzeugung manifestiert sich in der zunehmenden Hochblüte des geistigen Wissens, die sich nicht rein zufällig gerade in diesen ersten Jahren des dritten Jahrtausends abspielt. Zweifelsohne ist der bemerkenswerteste Ausdruck dieses Phänomens der beachtliche Erfolg jener Botschaft, die von Rhonda Byrne unter dem Titel „The Secret – Das Geheimnis" als Film und Buch übermittelt worden ist.

Unter Einbeziehung von mehr als zwanzig Vertretern des Mentalismus* und der Autosuggestion präsentiert uns Byrne einen mannigfachen Chor an Stimmen, die dem Zuschauer bzw. Leser die theoretischen und praktischen Grundlagen des Gesetzes der Anziehung geistiger Schwingungen vermitteln. Wie die Autorin selbst einräumt, wurde dieser uralte Glaube im Lauf der Geschichte von zahllosen bedeutenden Persönlichkeiten gelebt.

Das Neue besteht darin, dass dieses „Geheimnis" von nun an dank der Vermittlung von neuen geistigen Führern und Meistern – beispielsweise den Menschen, die an diesem Kollektivwerk mitgewirkt haben – jedermann zugänglich ist.

Die herausragende, professionelle Leistung von Rhonda Byrne sowie die Klarheit, mit der sie in ihrem Werk nicht immer ganz leicht zu erklärende Konzepte vorstellt, verdienen unseren aufrichtigen Respekt. Doch vor allem bewundern und teilen wir ihren tiefen, leidenschaftlichen Glauben an die geheime Kraft unseres Geistes, die uns vom Göttlichen gegeben wurde, und zwar zu folgendem Zweck:

---

* Gemeint ist hier der Mentalismus und seine Bedeutung als philosophische Theorie, nicht in seiner Rolle als spektakuläre illusionistische Täuschung.

*Um unser Leben zu verändern und Fülle, Wohlstand
und die Erfüllung unserer Lebensziele zu erlangen.*

Aus diesem Grund trägt dieses Buch den Untertitel „Das Geheimnis hinter dem Geheimnis" – nicht, um das Werk der australischen Autorin herabwürdigen oder übertreffen zu wollen, sondern um es in den Kontext eines größeren Phänomens einzubetten. Das heißt, Ziel ist es, ihre Ausführungen mit weiteren Daten, Ereignissen, Persönlichkeiten, Geheimnissen und Ratschlägen zu ergänzen, die ebenfalls Teil dessen sind, was man als „die Chance für dieses Neue Jahrtausend" betrachten kann.

Ich glaube, den Leser auf diese Weise zu einer umfassenderen Betrachtungsweise jenes Phänomens und jener Argumente heranführen zu können, die ihn veranlassen, fest an die fantastische Energie zu glauben, die in unserem Geist schlummert. Vor allem wird der Leser aber auch ein breitgefächertes Spektrum an Tipps und Übungen finden, die von den besten geistigen Führern und Meistern unserer Zeit stammen.

Ich hoffe, dass Sie auf den folgenden Seiten den Anstoß und den Weg zu einer außergewöhnlichen Lebenserfahrung finden werden.

*Verwandeln Sie Ihr Leben und lassen Sie
Ihre größten Wünsche wahr werden!*

1. Altes Wissen neu entdeckt

*Das Universum ist Transformation.
Unser Leben ist die Manifestation unserer Gedanken.*

Marco Aurelio

Vor sehr langer Zeit existierte ein Wissen, das auf der Vereinigung von Seele, Geist und Körper basierte, die in ihrer Dreiheit mit der Göttlichkeit interagierten, die die Energien des Universums geschaffen hat und beherrscht. Die großen alten Meister, die dieses mystische Wissen wachsam hüteten, ließen es zu, dass es im Laufe der Jahrtausende bestimmten ausgewählten Personen oder Gruppen zufloss. Doch diese Enthüllungen geschahen immer nur partiell, fragmentarisch und waren oft gespalten durch die unterschiedlichen Glaubensrichtungen, Denkweisen oder Tendenzen derjenigen, die in der Lage waren, sie wahrzunehmen.

Die Übermittlung dieses Wissens war demzufolge sehr heikel und erfolgte bis zum Ende des 19. und Beginn des 20. Jahrhunderts hinter verschlossenen Türen. Zu jener Zeit tauchten einige hochbegabte Personen auf, die eine kohärentere und konkretere Betrachtungsweise suchten. Diese setzte der Geheimniskrämerei ein Ende und ermöglichte die Verbreitung dieses fantastischen Vermächtnisses. Heute trägt diese Visionssuche ihre Früchte, und jeder von uns hat die Gelegenheit, sein Leben zu bereichern.

Die Enthüllung der Rätsel des alten Wissens war dank zahlreicher Denker und Forscher möglich, die dieses studierten und verbreiteten, indem sie Praktiken entwickelten, die es uns erlauben, von ihren Fähigkeiten zu profitieren. Als Hommage an diese veröffentlichen wir eine Synthese des Werkes einiger der herausragendsten Persönlichkeiten unter ihnen, die es ermöglichten, den Zusammenhang zwischen den verschiedenen Lehren aufzuzeigen.

Die intelligente "Ursuppe"

• WALLACE WATTLES (1860–1911)

Eine Schlüsselfigur bei der Wiederentdeckung der alten Meister ist Wallace Wattles. Als Pionier der so genannten "New Thought" Bewegung, der Bewegung des "Neuen Denkens", hat Wattles mit seinem Buch "Wie man reich wird" von 1910 nahezu 100 Jahre später Rhonda Byrne bei ihren Nachforschungen für die Verfilmung und den Druck ihres erfolgreichen Abrisses "The Secret" entscheidend inspiriert.

> *Ziel allen Lebens ist es, sich weiterzuentwickeln, und jedes lebendige Wesen hat das unabdingbare Recht auf die höchste Entwicklungsstufe, die es erreichen kann.*
>
> Wallace Wattles

In seinen Büchern legt Wattles seine Vorstellung von einem amorphen, denkenden Urwesen dar, aus dem alles entspringt, was das Universum bevölkert – eine Art borginischer Alf, der alles, was über alle Zeiten hinweg und durch alle Dimensionen hindurch existiert hat, in sich konzentriert. In seinem ursprünglichen Zustand durchdrang und erfüllte dieses formlose Wesen die "Zwischen-Räume" aller Ebenen des Kosmos. Folglich, so erklärt Wattles:

> *Ein Gedanke bringt in dieser essenziellen Substanz die Vorstellung hervor, die dieser Gedanke in sich trägt. Eine Person kann sich in ihrem Geiste Dinge vorstellen. Prägt sie diesen Gedanken der amorphen Substanz auf, so entsteht das, was sie sich vorgestellt hat.*

Der Gedanke einer schöpferischen Beziehung zwischen Geist und Kosmos stammt aus den alten dharmischen Religionen der östlichen Welt. Ihre Prinzipien wurden im Mittelalter in den Manifestationen der Alchemie, der Magie und der Wunderheiler wieder aufgenommen. Sie ermöglichen es, die Realität zu verwandeln, indem sie die Intentionen des Geistes und die Substanz der

Materie erschufen oder verwandelten. In moderneren Zeiten stellt dies eine der theoretischen Grundlagen der Methoden und Therapien dar, bei welchen man mit der Resonanz von Energien und Schwingungen zwischen Patient und Universum arbeitet.

Das Prinzip, das Wattles vorstellt, um eine völlige Harmonie mit diesem amorphen Wesen zu erreichen, besteht darin, von einem kämpferisch denkenden zu einem schöpferischen Geist zu gelangen. Im umgekehrten Falle, so erklärt er, kann es keine Harmonie mit der gestaltlosen Intelligenz geben, deren Essenz von Natur aus schöpferisch ist. Doch sie ist auch im Hinblick auf uns alle schöpferisch tätig. Das wahre Geheimnis, wie man den Kontakt mit ihr aufnimmt, besteht darin, uns dankbar zu zeigen:

> *Um mit der gestaltlosen Ursubstanz völlig in Harmonie zu gelangen, müssen wir ihr aufrichtige, glühende Anerkennung für die Wohltaten zeigen, die sie uns erwiesen hat. Dankbarkeit eint den Geist eines Menschen mit der Intelligenz der Ursubstanz. Daraufhin empfängt diese dessen Gedanken. Wir können uns nur auf einer schöpferischen Ebene halten, wenn wir uns mittels beständiger, tiefer Dankbarkeit mit der gestaltlosen Intelligenz vereinen.*

Wallace Wattles Werk erlangte in der ersten Hälfte des 20. Jahrhunderts einen bis dato unerreichten Erfolg. Seine Philosophie beeinflusste verschiedene bedeutsame Denker und Autoren der mentalen Techniken und des Positiven Denkens.

Die schöpferische Kraft des Geistes

• JAMES ALLEN (1864-1912)

Der englische Denker und Dichter James Allen veröffentlichte 1902 sein Buch "Wie der Mensch denkt, so ist er". Dieses Werk gilt als einer der Grundsteine zur Verbreitung des Wissens über die Kraft der Gedanken. Allen widerfuhr im

Alter von 38 Jahren eine Art Erleuchtung, als er in einem Großunternehmen eine Führungsposition innehatte. Er verzichtete auf seinen Arbeitsplatz und zog sich mit seiner Gattin in ein bescheidenes Häuschen in Devon zurück, wo er ein meditatives Leben führte und zahlreiche Werke über die Bedeutung der geistigen Energie verfasste.

> *Der Mensch ist buchstäblich das, was er denkt,*
> *und sein Charakter ist die Summe seiner Gedanken.*
>
> James Allen

In diesem Werk legte Allen die Grundzüge der Beziehung zwischen unseren Gedanken und unserem Schicksal dar. Zugleich schrieb er der Situation im Umfeld bzw. dem Verhalten der Mitmenschen die gleiche Bedeutung zu wie unserem Geist, der eben diese Lebensumstände und Verhaltensmuster erzeugt. Er erklärt es in einem Abschnitt seines Buches folgendermaßen:

> *Der Mensch ist Herr seiner Gedanken, Schöpfer seines Charakters und auch derjenige, der seine Lebensumstände, sein Umfeld und sein Schicksal selbst erzeugt. Als Wesen mit Macht, Intelligenz und Liebe, das Herr seiner eigenen Gedanken ist, besitzt er den Schlüssel zu allem und trägt das Potenzial in sich, sich zu verwandeln und zu regenerieren, um sich selbst so zu schaffen, wie er es wünscht.*

James Allens Werk ruft uns in Erinnerung, dass der Mensch durch das göttliche Gesetz entstanden ist und weder eine Erfindung noch ein Kunstobjekt ist. Die Ursachen und Wirkungen sind im virtuellen Reich seines Geistes ebenso absolut und unabänderlich wie in der Welt der sichtbaren und materiellen Dinge. Aus seiner Sicht erlangt man ein erfülltes und erfolgsgekröntes Leben nicht aufgrund eines anerzogenen Determinismus oder per Zufall, sondern es ist die Folge beständigen, sorgfältigen Bemühens darum, die richtigen Gedanken zu finden und zu erweitern. Am Ende gelangt er zu der Schlussfolgerung, dass die richtige Beherrschung unserer Gedanken uns der göttlichen Perfektion näher bringt. Er drückt sich in seinen Schriften mit folgenden lyrischen Worten aus:

Der Mensch installiert bzw. demontiert sich selbst. Im Arsenal seines Geistes finden sich die Waffen zur Selbstzerstörung, aber auch die Werkzeuge, um Inseln der Freude, der Kraft und des Friedens zu erschaffen. Durch die richtige Entscheidung und den positiven Einsatz seiner Gedanken kann er die göttliche Perfektion erlangen.

VON UNS HÄNGT ES AB, OB WIR UNS IN DIE SELBSTZERSTÖRUNG FALLEN LASSEN ODER EINE NAHEZU GÖTTLICHE PERFEKTION ERLANGEN.

Die Kraft der mentalen Schwingungen

• WILLIAM WALKER ATKINSON (1862–1932)

Von den Pionieren auf diesem Gebiet tat sich William W. Atkinson als besonderer Stern am Himmel hervor. In seinen Büchern und Artikeln entwickelte und konsolidierte er die Theorie von den mentalen Schwingungen. Als Rechtsanwalt, Autor und Herausgeber war er aktiv an den Anfängen der Bewegung des "Neuen Denkens" beteiligt und hatte die Leitung über eine Veröffentlichung zu diesem Thema. Für einige Kritiker ist sein Buch "Thought Vibration or The Law of Attraction in the Thought World" ("Gedankliche Schwingung oder das Gesetz der Anziehung in der Gedankenwelt") aus dem Jahr 1906 eine der Hauptreferenzen für das Phänomen, das von der Autorin von The Secret, Rhonda Byrne, formuliert wurde.

> *Jeder Mensch verfügt über eine persönliche Individualität, die im Verborgenen schlummert – nur wenigen gelingt es, diese aus eigener Kraft zum Ausdruck zu bringen.*
>
> William W. Atkinson

Laut Atkinsons Lehre müssen wir diese "Individualität" als potenzielle Kraft verstehen, als eine Eigenschaft, die unser geistiges Fassungsvermögen übersteigt. Die meisten von uns entscheiden sich nicht dafür, diese schlummernde Individualität zum Leben zu erwecken, sei es aus Unwissenheit, sei es aus Nachlässigkeit. Die einzige Möglichkeit, diese zu erwecken und über sie verfügen zu können, besteht in der bewussten Kontrolle unserer mentalen Schwingungen oder Wellen. Wenn ein Mensch an etwas denkt, erzeugt er unbewusst Schwingungen, die sich im Allgemeinen verflüchtigen und verlieren. Werden wir uns ihrer jedoch bewusst und konzentrieren wir uns darauf, ihnen all unsere Kraft zu verleihen, die in den Tiefen unseres Geistes ruht, so erreichen sie eine bemerkenswerte Kraft, bilden eine starke Amplitude und bleiben von Dauer.

> *Entsteht im menschlichen Geist ein Gedanke oder ein Gefühl, so breitet sich die Kraft, die vom Gehirn mittels mentaler Energiewellen erzeugt wird, im Umfeld der betreffenden Person in einer Entfernung aus, die proportional zur Intensität der erzeugten Energie ist. Diese mentalen Wellen besitzen die Eigenschaft, im Geist anderer Personen, die im Einklang mit den Gesetzen des mentalen Einflusses in dieses Kraftfeld eintreten, ähnliche Wellen auszulösen.*

William W. Atkinsons Theorie über die mentalen Wellen stützt sich auf die Fortschritte auf dem Gebiet der Neurologie und der Psychiatrie seiner Zeit, insbesondere auf die Experimente, die den Beweis erbrachten, dass Gedanken und Emotionen in bestimmten Gehirnzonen einen Anstieg der Temperatur erzeugen. Diese Erwärmung deutet auf eine Freisetzung von Energie hin, und jede Energie entlädt sich mittels schwingender Wellen. Wenn dies bei Licht, Elektrizität oder beim Rundfunk der Fall ist, warum nicht auch bei der mentalen Energie? Ausgehend von dieser Prämisse lüftet Atkinson das Geheimnis, wie wir von unseren mentalen Wellen profitieren können:

> *Es besteht ein großer Unterschied zwischen den Gehirnwellen, die unbewusst, ohne Kenntnis der Gesetze des geistigen Einflusses, ausgesandt werden, und solchen, die mit dem absoluten Wissen um dieses Phänomen ausgesandt und vom Sender mit einem starken Steuerimpuls versehen werden. Die Kraft ist die gleiche, doch die Intensität ihrer Stärke und ihrer Auswirkungen wird von den Parametern des Sendeimpulses bestimmt.*

Atkinson praktizierte seine Hypothesen und Ideen höchstpersönlich. Dies ermöglichte es ihm zweifelsohne, eine fantastische Arbeitsleistung zu vollbringen. Er veröffentlichte Hunderte von Büchern und Artikeln, die die Bewegung des "Neuen Denkens" bereicherten und festigten, sei es unter seinem Namen oder auch unter einem seiner zahlreichen Pseudonyme. Seine Unruhe trieb ihn dazu, Themen der Metaphysik und des Okkultismus bis in die Tiefe zu studieren – er war einer der Entdecker des Hinduismus und des Yogas im Westen.

DIE KRAFT DER MENTALEN SCHWINGUNGEN
ERMÖGLICHT ES UNS, UNSER UMFELD ZU BEEINFLUSSEN.

Eine Philosophie, die zum Erfolg führt

• NAPOLEON HILL (1883-1970)

Professor Hill ist Autor eines der einflussreichsten Bücher über den energetischen Mentalismus und die Autosuggestion: "Denke nach und werde reich". Hill war Begründer einer Technik, die darin besteht, seinen theoretischen Gedanken eine Reihe von praktischen Ratschlägen für den Leser beizufügen – eine Technik, die in der Folge nahezu alle Autoren verschiedener Strömungen übernahmen, die sich bemühten, das alte Wissen wieder zu entdecken. Er bezeichnete seine Erfindung als "Philosophie des Erfolgs" – ein klarer Hinweis auf die persönliche, soziale und materielle Ausrichtung seiner Ratschläge.

> *Alles, was der Geist sich vorstellen und glauben kann, kann er auch erreichen.*
> **Napoleon Hill**

Professor Hill betonte in Übereinstimmung mit der psychoanalytischen Theorie Sigmund Freuds, die damals eine absolute Neuerung war, die Bedeutung der sexuellen Energie, der Libido, die sublimiert werden kann, um Ziele auf anderen Gebieten zu erreichen:

ALTES WISSEN NEU ENTDECKT · 23

Das sexuelle Verlangen ist der stärkste Trieb des Menschen. Wer von seinem Impuls getrieben ist, kann seine Vorstellungskraft, seinen Mut, seine Willenskraft, seine Ausdauer und seine Kreativität in einer Tiefe entfalten, die über das Übliche weit hinausgeht.

Für Hill ist das Verlangen nach dem Sexualakt so stark, dass man, um dieses zu erfüllen, die eigene Würde, seinen persönlichen Ruf, ja sogar sein Leben riskiert. Doch diese mächtige Energie kann in andere Kanäle umgelenkt werden, wobei man ihre Eigenschaften aufrechterhält. Ein gut trainierter Geist kann sie in Richtung Erlangung seiner Ziele im künstlerischen, sozialen und beruflichen Bereich usw. umlenken. Mit seinen eigenen Worten ausgedrückt:

"Die Verwandlung sexueller Energie erfordert allerdings ein beträchtliches Training der Willenskraft, doch der Erfolg belohnt diese Mühe. Das Verlangen nach sexueller Aktivität ist angeboren und natürlich. Es kann und darf weder unterdrückt noch verdrängt werden. Man muss ihm ein Ventil mittels Ausdrucksformen einräumen, die Geist, Körper und Seele bereichern. Gelingt diese Verwandlung nicht, so wird sich diese Energie Kanäle auf rein körperlicher Ebene suchen."

UNSERE MENTALKRAFT STEIGT, WENN WIR
UNSERE SEXUELLE ENERGIE KANALISIEREN.

Wir dürfen nicht glauben, dass Napoleon Hill ein Purist oder Frömmler war, der die Ausübung der körperlichen Sexualität verurteilte. Sein Vorschlag besteht darin, einen Teil dieser Energie "auszuleihen" oder diese zumindest in keinem Falle zu vergeuden. Seine Philosophie gründet auf der geistigen Kontrolle, in Anlehnung an Edisons These von der kosmischen Beziehung zwischen Energie und Materie. Dieser Denkweise zufolge nährt sich der Geist von einer körperlicher Basis.

Ich weiß, dass das Universum von einer unendlichen Intelligenz regiert wird: Alles, was existiert, unterliegt ebenfalls den Gesetzen der Unendlichkeit.
                                                                    Thomas Alva Edison

Die Rolle der Willenskraft

• EARL NIGHTINGALE (1921-1989)

Earl Nightingale, Autor mehrerer erfolgreicher Bücher, war ein eifriger Verfechter des Gedankenguts von Napoleon Hill, den er häufig als seinen Meister anführt. Seine Theorie kreist um die Kraft des Geistes, stellt diese Mentalkraft jedoch ohne schmückendes kosmisches oder mystisches Beiwerk dar und konzentriert sich auf die Fähigkeit ihrer Kontrolle durch ihren Besitzer. Er wird als einer der Begründer der Riege der "Animateure" auf dem Gebiet der Autosuggestion betrachtet, da er eine Technik einsetzt, die auf dem Einsatz des Willens und der Konzentration beruht.

> *Wir müssen einzig und allein wissen, wo wir hinwollen –*
> *die richtigen Lösungen werden sich dann spontan auftun.*
> **Earl Nightingale**

In gewisser Weise ist Nightingale Vorreiter von Rhonda Byrne, was die Erleuchtung mittels der Lektüre von "Denke nach und werde reich" ("Think and Go Rich") betrifft. Gemäß seinen eigenen Ausführungen fand er das Buch von Wallace Wattles in der Stadtbibliothek von Long Beach, als er eine Antwort auf die Frage suchte: "Wie kann ein ganz gewöhnlicher Mensch ohne irgendeine besondere Qualifikation, der bei Null anfängt, die Ziele erreichen, die er für wichtig befindet, und auf diese Weise anderen einen Dienst erweisen?"

Nightingale fand, von der Lektüre Wattles inspiriert, die Antwort, oder zumindest den Weg, um diese zu finden. Diese Entdeckung machte er 1957. Im gleichen Jahr veröffentlichte er sein erstes Buch: "Das merkwürdigste Geheimnis" ("The Strangest Secret"), ein Titel, an den sich die australische Autorin stark angelehnt hat. Aus Nightingales Sicht liegt der Schlüssel zum Erfolg darin, dass man sich ein bestimmtes Ziel vorgibt und sich bemüht, es zu erreichen. Dieses Ziel muss jedoch weder unbedingt eine herausragende Position bedeuten, noch öffentlichen Ruhm oder Erfolg. Es handelt sich vielmehr um ein Ziel, das auf das Innere des Individuums ausgerichtet ist, auf einen Gewinn in jedem Augenblick des Lebens:

Um glücklich zu werden, müssen wir uns dessen vergewissern, dass wir stets ein Ziel haben, das uns selbst wichtig ist. Wir müssen eine Absicht setzen, die von tiefem persönlichen Interesse ist – etwas, das es uns ermöglicht, davon zu profitieren, wenn wir tagtäglich 12-15 Stunden Arbeitszeit darauf verwenden, und die restliche Zeit nutzen, um daran zu denken. Was wir in unser Unterbewusstsein säen und mit beständigem und auch emotionalem Einsatz pflegen, wird eines Tages Realität werden.

Nightingale prägte den Begriff "Erfolg" als fortschreitende Verwirklichung einer angemessenen Absicht, ganz gleich auf welcher Ebene. Wir müssen uns Ziele vornehmen, die so schwierig und ehrgeizig sind, dass sie für uns eine authentische persönliche Herausforderung darstellen, jedoch zugleich auf unsere persönlichen Möglichkeiten und das jeweilige Umfeld, das uns umgibt, zugeschnitten sind. Indem wir uns ein Ziel stecken, befinden wir uns bereits auf dem Weg zum Erfolg, da wir wissen, in welche Richtung wir gehen.

Dieser Autor beharrt ebenfalls auf der positiven Sichtweise des Lebens, die uns leichter fällt, wenn wir uns dessen bewusst sind, dass wir ein persönliches Ziel haben. Dies verleiht uns eine stärkere, umfassendere Vitalität sowie eine sensiblere Wahrnehmung von uns selbst und unserem Umfeld.

Lerne, jede Minute deines Lebens auszukosten – fühle dich ab sofort glücklich. Erwarte nichts im Außen, was dich in Zukunft glücklich machen soll. Bedenke, dass die Zeit, über die du verfügst, wahrhaft wertvoll ist, und zwar sowohl an deinem Arbeitsplatz als auch im Kreise deiner Familie. Du solltest dies nutzen und jeden Augenblick davon auskosten.

INDEM WIR UNS DAS RICHTIGE ZIEL STECKEN, FÄLLT ES UNS LEICHTER, GLÜCKLICH ZU SEIN UND DAS LEBEN ZU GENIESSEN.

Wir tragen unser ganzes Potenzial in uns

- **JOSEPH MURPHY (1898-1981)**

Joseph Murphy – Denker, Schriftsteller und Coach für Persönlichkeitsentwicklung – widmete 50 Jahre seines Lebens der Verbreitung des Wissens um die mentalen und spirituellen Kräfte. Sein intensives Studium der wichtigsten Religionslehren führte ihn zu der Synthese, die die Devise für seinen Schlachtruf ausdrückt: "Dein ganzes Potenzial steckt in dir!"

Mit dieser Überzeugung leitete er 30 Jahre lang die "Church of Divine Science" ('Kirche der göttlichen Wissenschaft') von Los Angeles, schrieb zahlreiche Bücher und hielt Kurse und Vorträge in verschiedenen Ländern.

> *Sie können wahre Wunder bewirken, wenn Sie beginnen, die magische Kraft Ihres Unterbewusstseins zu nutzen.* Joseph Murphy

Murphy machte das so genannte "wissenschaftliche Gebet" bekannt, das aus einem harmonischen Zusammenspiel zwischen den bewussten und unbewussten Ebenen des Geistes besteht, die auf ein bestimmtes Ziel gelenkt werden. Gemäß seiner Philosophie ermöglicht es uns die Kontrolle dieser unendlichen inneren Kraft, die in jedem von uns verborgen ist, das zu erreichen, was wir wirklich im Leben wünschen. Der Glaube nimmt bei Murphys Lehre eine zentrale Rolle ein. Es handelt sich jedoch nicht um ein mystisches Credo, sondern um die Überzeugung, dass dieses innere Potenzial existiert, und um die Entscheidung, diesem höchsten Instrument zur Erlangung des Glücks zu vertrauen:

> *Das Gesetz des Lebens ist das Gesetz des Glaubens. Und der Glaube kann wie ein Gedanke kurz in unserem Geist aufflackern. Die Form unserer Gedanken, Gefühle und Glaubensüberzeugungen konditioniert unseren Geist, unseren Körper und unsere Lebensumstände. Bis in die Tiefe hinein zu verstehen, was Sie tun, wird Ihnen helfen, eine unbewusste Verinnerlichung der guten Dinge des Lebens zu erreichen.*

Die Technik, die Joseph Murphy vorschlägt, ist auf konkrete Lösungen für konkrete Probleme ausgerichtet. Sein Ziel sind solche Konflikte, die das Alltagsleben der Menschen betreffen und die nicht von jenen selbst, aus deren eigenen, schlummernden Kräften, die sie noch gar nicht erkannt haben, gelöst werden können. Wenn man lernt, diese Kräfte zu entdecken und zu benutzen, so gelingt es, die Probleme anzugehen und zu lösen.

> *Sie wünschen sich ein glücklicheres, erfüllteres und reicheres Leben. Beginnen Sie, Ihr unbewusstes Potenzial zu nutzen, und Sie werden sehen, wie sich der Weg für Ihre täglichen Angelegenheiten von selbst ebnet, sich Ihre Probleme im Berufsleben lösen und Harmonie in Ihre zwischenmenschlichen Beziehungen Einzug hält.*

Vielleicht beruht das Geheimnis des weitverbreiteten, anhaltenden Erfolges von Murphy darauf, dass seine Lehre relativ bescheiden ist. Er verspricht weder sagenhafte Reichtümer noch feurige Leidenschaften noch Höhenflüge, sondern vermittelt lediglich das Rezept zur Lösung persönlicher und familiärer Probleme, die Millionen von ganz gewöhnlichen Männern und Frauen auf der ganzen Welt betreffen. Er bietet persönliche Harmonie und gesunden Gewinn aus dem, was er selbst als die guten Dinge des Lebens bezeichnet hat: "Sie brauchen sich dazu lediglich geistig und emotional mit dem zu verbinden, was Sie erreichen möchten, und die schöpferischen Kräfte Ihres Unterbewusstseins werden auf entsprechende Weise antworten. Beginnen Sie jetzt, heute, lassen Sie in Ihrem Leben Wunder geschehen! Und machen Sie weiter, weiter, bis ein neuer Morgen anbricht und die Schatten für immer weichen."

DIE LÖSUNG UNSERER PERSÖNLICHEN PROBLEME LIEGT IN DER KRAFT UNSERES UNTERBEWUSSTSEINS.

Die Denker und Schriftsteller, die wir vorgestellt haben, plus diejenigen, die von ähnlicher Bedeutung sind, wie Ernest Holmes, Louise Hay, Robert Collier, Emmet Fox oder Geneviève Beherend, bilden Stück für Stück ein zusammenhängendes Mosaik von Gedanken und Erfahrungen in Bezug auf die Funktion der in unserem Geist schlummernden Ideen. Diese Erkenntnisse und Thesen bilden die als solche bekannte "Bewegung des Neuen Denkens", die in Kombination mit dem Positiven Denken und dem Gesetz der Resonanz die "Chance für das Neue Jahrtausend" darstellen, wie wir es weiter oben bereits benannt haben.

2.
Die Chance für das neue Jahrtausend

*Der Mensch ist sterblich, was seine Ängste betrifft,
und unsterblich in seinen Wünschen.*
Pythagoras

Wir befinden uns an einem privilegierten Punkt, um unser Leben positiv zu verändern. Der Übergang vom zweiten in das dritte Jahrtausend markierte einen Wendepunkt der Zeiten, einen kosmischen Wandel, der die Koordinaten und astralen Schwingungen des Universums beeinflusst hat. Dieses Phänomen brachte substanzielle Veränderungen in der Beziehung zwischen der in unserem Geist schlummernden Energie und den Kräften mit sich, die mit dieser im Wechselspiel stehen, damit wir unsere Ziele erreichen können.

Wir leben in einem Zeitalter, das sehr günstig ist für mentale Experimente. Außerdem können wir das Wissen nutzen, das die Denker und spirituellen Anführer der letzten Jahrzehnte angesammelt haben. Mehrere unter ihnen erkannten diesen günstigen Moment, den wir gegenwärtig durchleben bzw. nahmen ihn intuitiv wahr und bereiteten das Terrain für eine umfassende, intensive Erneuerung auf dem Gebiet der unbewussten Energien. Ihre Werke haben die untrennbare Vereinigung des Göttlichen – welchen Namen und welche Form es auch haben mag – mit unserem Geist, unserem Körper und unserer Seele offenbart. Das Wechselspiel zwischen ihnen verläuft folglich einfach und fließend. Ein anerkannter Religionsführer, der über das Privileg einer besonderen Weisheit in Bezug auf dieses Thema verfügt, hat es mit ganz einfachen Worten folgendermaßen formuliert:

Wir brauchen keine Tempel, wir brauchen keine komplizierten Philosophien. Unser eigener Geist und unser Herz sind unser Tempel.

Dalai Lama

Alles steht uns zur Verfügung, damit wir die Gelegenheit haben, eine einzigartige, transzendentale Erfahrung zu erleben. Wir müssen nur den Willen haben, unser Leben zu verändern, und für immer alle Ängste, Zwänge, negativen Gefühle und Gedanken vertreiben. Dann können wir den Wohlstand und das Glück genießen, die uns unerreichbar schienen – und dies aufgrund der jüngsten Interpretationen des Neuen Denkens, des Gesetzes der Resonanz, des Positiven Denkens und all der anderen mentalen und spirituellen Werkzeuge, die es uns ermöglichen, unser unbewusstes Potenzial zu wecken und einzusetzen.

ES IST JETZT MÖGLICH, UNSERE SCHLUMMERNDE ENERGIE
AUF EINFACHE UND EFFEKTIVE WEISE EINZUSETZEN.

Das große Gesetz des Universums

"Wie oben, so unten, wie unten so oben", lautet eines der Grundgesetze des Universums, das vor Urzeiten von den Weisen und Meistern der großen Tradition des Okkultismus und der Mystik entdeckt wurde. Für sie war es das unerlässliche Prinzip, um die Perfektion, die Macht der Magie und das Wissen um verborgene Geheimnisse zu erlangen. So griffen es die Alchemisten im Mittelalter in der Form wieder auf, wie es auf der Smaragdtafel, oder "tabula smaragdina", als Inschrift geschrieben steht – einem kryptischen Text, der Hermes Trismegistos, der griechischen Inkarnation des ägyptischen Gottes Thot, dem Meister der Sprache und Wunderheilungen, zugeschrieben wird.

Das große Gesetz des Universums lässt sich in dem hinduistischen Prinzip zusammenfassen, das besagt: "Eines ist alles und alles ist eins", um das Gesetz der Resonanz zu erklären. Dieses besagt, dass jede Idee, jedes Gefühl bzw. jeder Gedanke seinesgleichen anzieht, wenn die jeweiligen Schwingungen synchron sind. Mit anderen Worten, wenn Sie an etwas Negatives denken, ziehen Sie etwas Negatives an – und wenn Sie positiv denken, ziehen Sie etwas Positives an. Ein Prinzip, das sich von diesem Gedanken ableiten lässt, lautet, sich nicht von einem Gedanken des Mangels oder der Sorge gefangen nehmen zu lassen, sondern sich auf die Vorstellung von dem zu konzentrieren, was man gern erreichen möchte.

Der Text der Smaragdtafel

"Es ist sicher, ohne Zweifel, wahr und ganz gewiss: wie unten, so oben, und wie oben, so unten – auf diese Weise geschehen Wunder aus dem Einen. Und wie alle Dinge aus dem Einen entstanden sind, durch die Meditation des Einen, so entspringen alle Dinge dem Einen – durch die Transformation. Ihr Vater ist die Sonne, ihre Mutter der Mond. Der Wind hat sie in seinem Bauch getragen, ihre Amme ist die Erde. Der Vater aller Dinge der Welt ist hier. Seine Kraft wirkt schöpferisch, wenn sie zur Erde zurückkehren kann. Er trennt die Erde vom Feuer, das Feine vom Dichten, ganz behutsam, durch seine Größe gepaart mit seiner Tatkraft. Er steigt von der Erde in den Himmel hinauf und wieder zur Erde hinab und übt seine Kraft an den großen und kleinen Dingen aus. Dadurch kannst du die Herrlichkeit der ganzen Welt besitzen und dich in totaler Finsternis orientieren. Dies ist die ganze Kraft der starken Macht, mit der du alles Zarte überwindest und alles Komplexe durchdringst. Aus dieser Form ist die Erde geschaffen. Hieraus kommen wundersame Wandlungen hervor, das hier ist der Grund dafür. Ich bin Hermes, der 'dreimal Große', der die drei Teile der Philosophie der Welt besitzt. Somit ist das, was ich über das Werk der Sonne gesagt habe, vollständig."

In den "Veden", den alten heiligen Schriften der Inder, heißt es, dass die Gedanken im bewussten Geist Schwingungen unterschiedlicher Frequenzen erzeugen. Diese Schwingungen breiten sich in Resonanzen und Vibrationen aus, die von den Geistern empfangen werden, die in der gleichen Frequenz schwingen, und erzeugen so eine Kettenreaktion. Der Effekt dieser Reaktion besteht darin, spirituelle oder materielle Schwingungen anzuziehen, die, um es in unserem heutigen Sprachgebrauch auszudrücken, "auf der gleichen Wellenlänge liegen".

Alles ist Gott

Die erste uns überlieferte Erklärung der Funktionsweise des Gesetzes der Resonanz geht auf das 8. Jahrhundert zurück und findet sich in der indischen Region von Kaschmir. Dort entstand damals eine philosophische und religiöse Strömung namens "Shivaismus", deren Zentralthema die Existenz des "spanda" war, ein Wort aus dem Sanskrit, das "Schwingung" oder "Resonanz" bedeutet. Obgleich dieser Gedanke bereits in anderen Strömungen des Hinduismus existierte, waren es die Shivaisten, die als Erste seine Mechanismen in einem Text beschrieben, der unter der Bezeichnung "Spanda-karika" bekannt ist. Im darauf folgenden Jahrhundert wurden diese Manuskripte Teil der heiligen vedischen Texte, die als "Upanishaden" bekannt sind.

Du bist das, was du tief in deinem Innern beständig wünschst,
wie dein Begehr ist, so ist dein Wille,
wie dein Wille ist, so ist dein Bemühen,
und wie dein Bemühen ist, so ist dein Schicksal.
Upanishaden der Hindus

Die Upanishaden blieben im Westen mehr als ein Jahrtausend lang praktisch unbekannt. Erst zu Beginn des 19. Jahrhunderts weckten diese Texte das Interesse der Gelehrten, als der Franzose Anquetil Duperron eine lateinische Übersetzung davon anfertigte. Wie wir im vorangegangenen Kapitel erfahren haben, veröffentliche William Walker Atkinson sein Werk "Thought Vibration or The Law of Attraction in The Thought World" ("Gedankliche Schwingung oder das Gesetz der Anziehung in der Gedankenwelt"), das zu einer wahren Bibel und zum Eckstein der mentalen Strömungen* des 20. Jahrhunderts heranwuchs.

Ein weiteres Jahrhundert später, im Jahr 2006, stellte die Australierin Rhonda Byrne ihre Sammlung unter dem Titel "The Secret" vor, in der etwa 20 Experten, die die Eigenschaften des Gesetzes der Resonanz anwenden und verbreiten, Stellung nehmen und ihre Theorien vorstellen. Mit diesem polyphonen Werk, das sowohl als DVD als auch als gedrucktes Buch veröffentlicht wurde und auf der ganzen Welt großen Anklang findet, ist es gelungen, die so genannte "Chance für das Neue Jahrtausend" mit einzubinden. Das Gesetz greift das auf, was die Upanishaden beschrieben, in der Hinsicht, dass es ewig und unabänderlich ist. Was sich im Lauf der Zeit verändert hat, ist die Intensität seiner Kraft und die Häufigkeit, in der man darauf zurückgreift. Diese verändern sich im Rhythmus der Ereignisse in Raum und Zeit. So befinden wir uns heute im Zentrum der Ausdehnung der Energie, die durch den Jahrtausendwechsel erzeugt wurde. Wir sollten von diesem Umstand profitieren, um unser Leben zu verändern und das zu erlangen, was wir uns am meisten wünschen.

Ihr seid das, was ihr in der Vergangenheit getan habt,
und werdet zu dem werden, was ihr heute tut. **Buddha**

---

* Gemeint ist hier der Mentalismus und seine Bedeutung als philosophische Theorie, nicht in seiner Rolle als spektakuläre illusionistische Täuschung.

Die Lehre des Neuen Denkens

Das so genannte "Neue Denken" entstand aus einer Reihe von religiösen und mystischen Gedanken, die sich um die spirituellen Schwingungen des Geistes ranken, wie oben bereits dargelegt. Ihre Hauptblütezeit war Ende des 19. Jahrhunderts in den Vereinigten Staaten, und zwar dank der Aussagen verschiedener Persönlichkeiten, die ausgehend von der transzendentalen Philosophie auf der Suche nach ähnlichen Wegen waren. Es scheint, als wäre der Erste, der den Begriff "Neues Denken" benutzte, Phineas Quimby gewesen war, obgleich man Persönlichkeiten wie Ralph Waldo Emerson, Horace Dresser, Mary Baker Eddy, Joseph Murphy und Ernest Holmes ebenfalls als Pioniere dieser Bewegung betrachten kann.

> *Die Seele ist wahrhaftig und ewig, die Materie ist unwirklich und vergänglich.*
> **Mary Baker Eddy**

> *Wir sind warmblütige, vitale Lebewesen, die denken, fühlen und begehren ... Ich bin einverstanden mit dem, was wir sind, und glaube nicht, dass wir uns ändern müssen. Große Seelen wie Jesus, Emerson oder Whitman, die uns für immer eine tiefgehende spirituelle Vision bieten, waren sehr spontane, sehr einfache und sehr zarte Wesen, die auch eine gute Prise Humor besaßen.*
> **Ernest Holmes**

Diese anregenden Worte stammen von Ernest Holmes (1887-1970), einem brillanten Theologen und einem der bemerkenswertesten Motoren des Neuen Denkens. Unter dem Einfluss seiner Familie trat Holmes in die "Kirche der christlichen Wissenschaft" ein, wo er Schüler von Emma Curtis Hopkins wurde. Unter dem Einfluss ihrer Lehren und seiner eigenen theologischen und spirituellen Studien begründete Holmes die "Kirche der religiösen Wissenschaft". Er predigte dort seine Philosophie, die er die "Wissenschaft vom Geist" taufte. Dies war auch der Titel seines Hauptwerkes, das 1938 veröffentlicht wurde.

Meisterin der Meisterinnen

Emma Curtis Hopkins war eine brillante Pionierin im Zuge der Begründung eines neuen Denkens auf der Basis der Prinzipien des alten Wissens. Sie war heterodoxe Theologin und aktive Frauenrechtlerin und verließ die Kirche der christlichen Wissenschaft, um ihre eigene Bewegung zu begründen. Ihr Zentrum war das theologische Seminar von Chicago. Dort bildete sie mehrere Generationen von Predigern aus. Viele ihrer Schüler gründeten neue Zentren oder Kirchen im Sinne von Emma Curtis Hopkins Lehre – daher wurde sie als die "Meisterin der Meisterinnen" bezeichnet.

Ernest Holmes verkörpert sowohl die einfachste als auch zugleich die tiefste spirituelle Vision des Neuen Denkens. Für ihn ist Gott ein Geist, der allgegenwärtig ist – in jedem Wesen und in jedem Ding des Universums. Bei uns Menschen hat der Geist Gottes seinen Sitz in unseren Gedanken. Dieser haucht ihnen auch ihre kreative Dimension ein. Unsere Aufgabe besteht darin, diese Dimension anzuregen und zur Entfaltung zu bringen.

> *Wir müssen uns selbst in Gedanken in der Form vorstellen, wie wir gerne sein möchten. Nicht wir bewirken, dass unser Denken schöpferisch wirkt, sondern Gott. Es hat niemals einen menschlichen Gedanken gegeben. Jeder Gedanke ist göttlich, keiner ist menschlichen Ursprungs. Wir brauchen nicht nach anderen Kräften zu suchen, denn wir besitzen bereits das große Potenzial.*

Natürlich predigt Holmes nicht, dass wir darauf warten müssen, dass Gott für uns denkt. Es geht lediglich darum, die göttliche Seele unseres Denkens als solche anzuerkennen und diese auf die Erfüllung unseres Bestrebens um Perfektion und Fülle auszurichten. Um dies zu erreichen, misst er der Kontemplation des Lebens mit Freude und Sinn für Humor große Bedeutung bei, ohne uns durch Depressionen und Enttäuschungen herunterziehen zu lassen.

> *Du musst alle negativen Argumente vergessen und an die wenigen denken, die wahrhaft positiv sind.*
> **Ernest Holmes**

Der Glaube der Adepten des Neuen Denkens ist im Allgemeinen monotheistisch, d. h. sie glauben an eine einzige göttliche Schöpferkraft des Universums, die überall und in allen Dingen ist. Sie betrachten alle Aspekte der Realität, seien sie materieller oder spiritueller Art, als eine einzige Substanz und fühlen sich als Teil dieser universellen Energie. Das Kernprinzip ihrer Lehre lautet, dass sich unser Denken entfaltet und entwickelt und dabei unsere Erfahrungswelt schafft. Sie legen großen Wert auf die Meditation, die Konzentration auf positive Gedanken, eine mentale und spirituelle Selbstwertschätzung, Fürbitte und Dank im Gebet.

Das Neue Denken ermöglicht einen mehr oder weniger starken Bezug zur christlichen Doktrin, je nach den unterschiedlichen Kirchen bzw. Strömungen. Manche tolerieren auch, dass die Adepten sich zu anderen Glaubenslehren bekennen. Obgleich das Neue Denken häufig mit der New Age-Bewegung ("Bewegung des Neuen Zeitalters") verknüpft ist, teilt es weder astrologische Konzepte, auf die sich die New Age-Bewegung stützt, noch den spirituellen Romantizismus zwischenmenschlicher Beziehungen, der für die New Age Bewegung typisch ist.

WIR KÖNNEN UNS ZUM NEUEN DENKEN BEKENNEN, OHNE AUF UNSEREN RELIGIÖSEN GLAUBEN ZU VERZICHTEN.

Das Neue Denken unterscheidet sich in seiner Haltung zur eigenen Doktrin ganz klar von den großen traditionellen Religionen. Sein Glaube ist nicht unverrückbar und dogmatisch, vielmehr besteht er in seiner Essenz aus einer permanenten Öffnung hin zur Entfaltung des Denkens. Es ist keine statische Glaubenslehre, sondern vielmehr ein mentaler und spiritueller Entwicklungsprozess.

Seine Anhänger glauben, dass sich ihre Kirche des Neuen Denkens im gleichen Maße weiterentwickeln muss, wie die Menschheit ein größeres Weltverständnis erlangt, um sich an dieses neue Verständnis anzupassen.

Die fünf Grundprinzipien seiner Doktrin, die auf alle Gemeinschaften des Neuen Denkens anwendbar sind, sind folgende:

- Gott ist die Quelle und der Schöpfer des Ganzen. Er ist einzigartig, gütig und überall und in allen Dingen gegenwärtig.
- Wir Menschen sind spirituelle Wesen, geschaffen nach dem Ebenbild Gottes. Der Geist Gottes ist in jedem von uns gegenwärtig. Daher ist jeder Mensch von Natur aus gut.
- Wir Menschen erschaffen unsere Lebenserfahrungen durch unsere Gedanken selbst.
- Positive Gedanken sind kraftvoll, denn sie stärken unsere Verbindung zu Gott.
- Es genügt nicht, diese spirituellen Prinzipien zu erkennen, wir müssen sie auch leben und erfahren.

Kirchen in aller Welt

Um dem Begriff des Neuen Denkens, der in verschiedene Sprachen übersetzt wurde (im Deutschen auch: "Neugeist-Bewegung", Anm. d. Ü.), scharen sich derzeit zahlreiche Kirchen und Gemeinschaften, die ihren Hauptsitz auf dem amerikanischen Kontinent sowie in Europa und Asien haben. Die wichtigste Zelle unter ihnen bildet die "Unity Church" ("Einheitskirche"), die mehr als zwei Millionen Mitglieder weltweit zählt. Sie wurde 1889 in Kansas begründet. Zu ihren Pfarrgemeinden gehören 900 Zentren oder Schulen, die über 15 Länder verteilt sind.

Anlässlich der Kongresse, die die mentalistisch Gläubigen regelmäßig abhalten, haben diese als Ausdruck des Neuen Denkens offiziell fünf weitere Kirchen anerkannt: Die Kirche der göttlichen Wissenschaft, die Kirche der religiösen Wissenschaft, die universelle Stiftung für ein besseres Leben sowie die Huna und die japanische Kirche "Seicho-No-Ie". Letztere erstreckt sich über das gesamte japanische Archipel. Sie hat inzwischen durch japanische Einwanderer auch weitere Länder erreicht. Besondere Präsenz zeigt sie in Brasilien. Huna ist ein Kult, der Mitte des 20. Jahrhunderts in Hawaii gegründet wurde und das "geheime Wissen, das sich hinter den Wundern verbirgt" pflegt. Seine Anhänger kombinieren bestimmte Aspekte des alten hawaiianischen Schamanismus mit den modernen Doktrinen des Mentalismus.

*Wenn wir die richtige Richtung eingeschlagen haben,
brauchen wir nur vorwärts zu gehen.*
Buddhistisches Sprichwort

Wenn wir anerkennen, dass das Gesetz der Resonanz das Instrument ist, das es uns erlaubt, unsere Wünsche zu erfüllen und Glück zu erlangen, wissen wir, dass die Grundbausteine dieses Gesetzes unsere Gedanken sind. Unser Bestreben ist es, diese zu kontrollieren, sie auf die Erfüllung unserer Ziele auszurichten und die Gedanken, die diesen entgegenwirken, zu vertreiben. Dies sagt sich so leicht – doch wie können wir das, was sich in unserem Geist abspielt, wirklich beherrschen?

Was wir als "Gedanken" bezeichnen, sind nicht nur die bewussten Reflexionen, die wir entwickeln, um ein Thema zu analysieren oder eine Entscheidung zu fällen. Der Geist wohnt auch in Ideen, Gefühlen, Fantasien, Illusionen, Bildern sowie in einer ganzen Reihe weiterer spontaner Schwingungen, die unserem Willen anscheinend fremd sind. Können wir vermeiden, dass diese aufkommen bzw. diese wieder vertreiben, wenn sie schon da sind? Und wie müssen wir unsere bewussten Reflexionen steuern, um unsere Absichten zu unterstützen?

Die Antworten auf diese Fragen finden Sie auf den folgenden Seiten ...

Es ist der Augenblick gekommen, den Weg zu beschreiten, der unser Schicksal durch diese Ratschläge und praktischen "Rezepte" völlig verwandeln wird. Sie werden es Ihnen ermöglichen, die neue Existenz zu erlangen, die Sie verdient haben. Wenn Sie den Übungen voller Vertrauen und gewissenhaft folgen, können Sie erleben, wie all Ihre Wünsche, Hoffnungen und Ziele wahr werden, indem Sie die verborgenen Kräfte Ihres Geistes nutzen, um die kraftvollen Schwingungen des Universums anzuziehen.

WARTEN SIE NICHT LÄNGER – BEGINNEN SIE JETZT,
SELBST AKTIV ZU WERDEN UND IHR LEBEN ZU VERÄNDERN.

Wir bieten Ihnen eine Reihe von konkreten, einfachen Ratschlägen der besten spirituellen Anführer unserer Zeit, d. h. der Meister und Lehrer, die zu Beginn dieses dritten Jahrtausends gemeinsam aktiv geworden sind, um eine moderne Vision des gesamten Wissens über die transformierende Kraft der positiven Gedanken zu verbreiten.

IHNEN STEHEN DIE BESTEN SPIRITUELLEN UND MENTALEN
LEHRER ZUR VERFÜGUNG, DIE DERZEIT TÄTIG SIND.

Diese Auswahl ist ein offenes Angebot an Sie, mit dem wir Sie dazu einladen möchten, die Übungen auszuprobieren und herauszupicken, die für Sie persönlich am effektivsten oder für Ihre Person und Ihre Ziele am geeignetsten sind. Auf diese Weise werden Sie eine Methode finden, die auf Sie persönlich zugeschnitten ist, und dies in völliger Unabhängigkeit und Freiheit – zwei grundlegende Lebensqualitäten, um in Fülle und Harmonie zu leben.

3.
Lernen Sie, Ihren Geist zu erforschen

*Niemand kann euch mehr offenbaren als das,
was bereits im Dämmerlicht eures Bewusstseins
im Verborgenen schlummert.*
Khalil Gibran

*D*er Mensch nutzt in Wirklichkeit nur rund zehn Prozent seiner geistigen Energie richtig. Der Rest verliert sich in banalen oder negativen Gedanken – ein Großteil bleibt für immer ungenutzt. Diese schlummernden Energien bilden ein enormes Potenzial, das darauf wartet, positive Schwingungen zu erzeugen, die die schönen Dinge, die Sie im Leben erwarten, anziehen.

Sie sollten wissen, dass Sie Ihren wahren Geist gar nicht kennen, sondern ihn erforschen und kennen lernen müssen. Nur auf diese Weise werden Sie lernen, ihn zu bezähmen und erstaunliche und wunderbare Dinge mit ihm zu erreichen, d. h. die Dinge, die Sie sich schon immer gewünscht, deren Erfüllung Sie jedoch selbst verhindert haben. Wie es im Zitat des großen persischen Dichters heißt, sind wir mit einem höheren Bewusstsein geboren, das in uns schlummert. Es gibt nichts und niemanden, der es übertreffen könnte.

Doch jemand muss Ihnen dabei helfen, es zu wecken. Daher erklären wir Ihnen im Folgenden, mit welchem Prozess Ihnen dies gelingen wird.

Analysieren Sie Ihre gegenwärtige Situation

Vera Peiffer, eine der Autorinnen, die mit ihren Ratschlägen zum positiven Denken und zu den mentalen Energien derzeit den größten Erfolg erntet, hat eine Grundtechnik entwickelt, das Ihnen von großem Nutzen sein kann, bevor Sie sich entscheiden, Ihr Leben zu verbessern und zu verwandeln, indem Sie die Kraft Ihrer Gedanken nutzen. Es handelt sich um eine Art "Generalinventur", durch die Sie herausfinden können, was Sie wirklich verändern möchten. Sie erklärt es mit folgenden Worten:

> *Um sein Leben auf positive Weise zu verändern, braucht man mehr als nur theoretisches Wissen. Man muss diese Theorien in die Praxis umsetzen. Dies bedeutet natürlich, dass Sie die Verantwortung für Ihr persönliches Wohlergehen übernehmen und aufhören, die Schuld für unangenehme Dinge im Leben bei anderen zu suchen.*

Nach dieser Warnung ändert Peiffer ihren Tonfall und spricht von den herrlichen Möglichkeiten, die diese Veränderung mit sich bringt:

> *Auf lange Sicht bedeutet die Übernahme der Verantwortung für das eigene Handeln eine Siegerstrategie, da sie die Tore zu einer ganzen Reihe absolut neuer Möglichkeiten öffnet, sich in einen triumphierenden Sieger zu verwandeln. Wenn ich von "Triumphen" spreche, beziehe ich dies auf verschiedene Bereiche, wie etwa die Gesundheit, das Geld, das Glück und die persönliche Selbstverwirklichung.*

> *Man kann so gut wie alles erreichen,*
> *wenn man sich nur mental ausreichend anstrengt.*
> Vera Peiffer

Im Folgenden stellen wir die Grundtechnik vor, die diese hoch angesehene Therapeutin und Autorin empfiehlt. Wir haben es leicht abgewandelt, um es in kürzerer, prägnanter Form vorzustellen. Es ist wichtig, dass Sie es aufmerksam durchlesen und, wie Dr. Peiffer persönlich sagt, es in die Praxis umsetzen.

Grundtechnik zum "Persönlichkeits-Check" nach Dr. Vera Peiffer

- Übernehmen Sie aktiv die Verantwortung für sich selbst, für Ihr Handeln und Ihre Gefühle. Sie gehören Ihnen, und Sie sind der einzige Mensch, der Einfluss auf diese ausüben kann. Erwarten Sie nicht, dass sich die Welt im Außen verändert – denn dies wird sie nicht tun.
- Ziehen Sie eine Bilanz Ihrer aktuellen Situation, wobei Sie jeden Aspekt einzeln beleuchten: Gesundheit, Finanzen, Arbeit, zwischenmenschliche Beziehungen, Gefühlsleben, Selbstwertgefühl, etc. Welche dieser Aspekte möchten Sie verbessern?
- Erstellen Sie eine Liste der Dinge, die Sie gern verändern möchten. Ordnen Sie diese nach Prioritäten. Sie müssen sich einen Punkt nach dem anderen einzeln vornehmen, um Ihre mentalen Kräfte nicht zu vergeuden.
- Betrachten Sie den ersten Punkt auf der Liste: Worin besteht das Problem genau? Versuchen Sie herauszufinden, mit welchen persönlichen Glaubensüberzeugungen Sie dieser Situation gegenüberstehen und welche äußeren Faktoren mit einfließen. Sie werden sehen, dass Sie in den meisten Fällen selbst nicht viel tun können, um diese äußeren Faktoren zu verändern. Daher sind Ihre persönlichen Glaubensüberzeugungen der richtige Ansatzpunkt.
- Richten Sie Ihre Aufmerksamkeit ganz fest auf ein bestimmtes Ziel. Sagen Sie sich beispielsweise nicht etwa: "Ich möchte bei meiner Arbeit glücklich sein", sondern: "Ich werde beweisen, dass ich eine Beförderung verdient habe" und schlagen Sie dabei ein realistisches Ziel vor: "Ich möchte noch in diesem Jahr Abteilungsleiter werden" ist weitaus angemessener als "Ich möchte Generaldirektor werden". Es wird für Sie einfacher sein, eine leitende Position zu erreichen. Dies hindert Sie nicht daran, nach diesem ersten Schritt nach Höherem zu streben.

* Machen Sie bewusst die Basisarbeit. Die Kontrolle über Ihren Geist wird Ihnen viele Möglichkeiten eröffnen, jedoch keine Wunder bescheren, wenn Sie selbst keine Anstrengungen unternehmen. Arbeiten Sie an konkreten Aspekten: Pflegen Sie Ihre Gesundheit und Ihr Persönlichkeitsbild, setzen Sie sich im Beruf ein, verwalten Sie Ihre Einkünfte gut, kümmern Sie sich um die Menschen, die Sie lieben, usw. Achten Sie außerdem darauf, dass Ihr Unterbewusstsein nicht gegen Ihre Wünsche und Ambitionen arbeitet, die Sie verwirklichen möchten.
* Radieren Sie aus Ihrem Geist und Ihrem Vokabular die Redewendung: "Ich kann nicht", denn diese setzt Ihnen nur Grenzen. Wenn Sie etwas wirklich erreichen wollen, können Sie es auch bekommen. Erinnern Sie sich daran: Man kann etwas, weil man daran glaubt, dass man es kann.
* Meiden Sie negative Aussagen. Sagen Sie sich beispielsweise niemals: "Ich habe Angst", sondern: "Ich bin ruhig und entspannt." Der erste Ausspruch erinnert Ihr Unterbewusstsein daran, dass es die Angst gibt, und dass Sie Angst haben können. Die zweite Aussage hingegen verstärkt Ihr Gefühl der Selbstsicherheit.
* Stellen Sie sich dabei vor, wie Sie Ihr Ziel erreichen. Visualisieren Sie oft eine Momentaufnahme, bei der Ihr Wunsch gerade in Erfüllung geht. Leben Sie in der Überzeugung, dass Sie all das, von dem Sie sich in Ihrer Vorstellung ein Bild machen können, auch erreichen können. Beleben Sie Ihren Geist mit Szenen, in welchen Ihre neue Persönlichkeit den Triumph davonträgt, und Sie werden profitieren.
* Hören Sie auf, nach Ausreden zu suchen – beginnen Sie JETZT!

Praktizieren Sie die Tiefenatmung

Die Hauptrolle der Atmung besteht darin, als Vermittler zwischen Körper und Geist zu fungieren. Die Sauerstoffversorgung unseres Organismus ist nicht nur unerlässlich, um uns am Leben zu erhalten, sondern zeigt uns auch einen leicht gangbaren Weg in unser tiefstes Innerstes. Wenn die Energie der Atmung in die volle Dimension unseres inneren Bewusstseins eindringt, ermöglicht sie es uns, unsere mentalen Schwingungen zu erreichen und zugleich unser Sein auf all seinen Ebenen zu stärken und zu harmonisieren.

Laut der Philosophie des Yoga – hinter dieser Bezeichnung verbirgt sich eine der sechs traditionellen philosophischen und religiösen Richtungen des Hinduismus – besteht eine direkte Beziehung zwischen der Atmung und dem Zustand der Geistseele. Selbst ohne jegliche körperliche Anstrengung beschleunigt sich bei einem Menschen die Atmung künstlich und wird unregelmäßig, sobald er Angst, Furcht oder Schreck verspürt. Das bedeutet: Wird der Geist in Erregung versetzt, so wirkt sich das auch auf die Atmung aus. Ist der Geist dagegen gelassen und befindet sich nicht in Aufruhr, ist die Atmung regelmäßiger, langsamer und ruhiger.

Es ist nicht schwierig zu verstehen, dass, wenn der Geist die Atmung beeinflusst, die Atmung umgekehrt auch den Geist beeinflusst. Wie bereits vor Jahrhunderten den alten östlichen Religionen bekannt war, ist die Atmung das unumgängliche Tor zur Kontrolle des Geistes. Dieses Tor öffnet den Weg zu positiven Gedanken, guten Schwingungen und der Erfüllung unserer Wünsche.

DER ERSTE SCHRITT BESTEHT DARIN, DIE INTENSITÄT UND DEN RHYTHMUS IHRER ATMUNG ZU VERÄNDERN.

Der Heilpraktiker für naturheilkundliche und spirituelle Therapien Peter Ragnar beschreibt im folgenden Absatz den Prozess, den die Tiefenatmung bewirkt:

> *Wenn die Luft in die Tiefen der Nasenkanäle an der Gehirnbasis eindringt, wo die Geruchsnerven enden, erzeugt die Stimulation des ersten Kranialnervs lebendige mentale Bilder. Ein regelmäßiger Einsatz der Tiefenatmung beseitigt die Faktoren, die das natürliche Verständnis unseres Bewusstseins verzerren.*

Ragnar geht noch viel weiter und erklärt, dass wir beim Atmen Schwingungen mit Informationen anziehen, die wir nicht über unsere Sinne empfangen. Als Beispiel führt er die Fühler von Insekten und den Schwanz, das Fell oder Federkleid bestimmter Tiere an, die auch auf eine Information reagieren, die sie nicht über die Sinnesorgane empfangen. Wo also sollten sich unsere Antennen befinden? Der eben zitierte Autor erläutert seine Theorie folgendermaßen:

Angenommen, die feinen Härchen der Nasenschleimhaut wären delikate Antennen, die elektromagnetische Schwingungen auffangen. Wir wissen, dass Informationen über Sender und Empfänger von Wellen aus Sendetürmen und Satelliten über unseren Planeten zirkulieren. Können auch wir mittels einer körperlichen Antenne Informationen auffangen und an unser Gehirn weiterleiten? Warum sollte dies nicht so sein, nachdem die Tiere, Vögel und Insekten es auch beständig tun?

Jede Information ist Schwingung, bis das Gehirn sie in unserem Geist zu einer Art Bild verarbeitet.
Peter Ragnar

Aus all diesen Gedankengängen lässt sich als Schlussfolgerung die These ziehen, dass die Tiefenatmung zwei essenzielle Grundfunktionen erfüllt, wenn sie sich mit unserem Geist verbindet: zum einen stimuliert sie die Erzeugung von Visualisierungen oder Gedanken und deren bewusste Kontrolle. Zum anderen lässt sie uns Informationen zufließen, die jenseits von Sinneswahrnehmungen liegen und aus der Außenwelt stammen. Wenn wir "Außenwelt" sagen, müssen wir auch die Schwingungen mit einbeziehen, die aus einer kosmischen Dimension stammen.

DIE TIEFENATMUNG VERBINDET UNSEREN GEIST MIT UNSEREM TIEFSTEN WESEN UND MIT DEM KOSMOS.

Greifen wir an dieser Stelle nochmals die Anregungen von Dr. Vera Peiffer auf, der Autorin einer einfachen und praktischen Methode zur Ausübung der Tiefenatmung. Es handelt sich um eine sehr erfolgreiche Übung für Einsteiger, bei welcher Entspannung mit Bauchatmung kombiniert wird, ganz unkompliziert und ohne viel Zeit in Anspruch zu nehmen. Vera Peiffer stellt sie in ihrem Buch "Positiv Denken" folgendermaßen vor:

- Nehmen Sie eine bequeme Körperhaltung ein, sei es im Sitzen oder im Liegen.
- Kreuzen Sie weder Arme noch Beine, da dies zu körperlicher Anspannung führt.
- Legen Sie eine Hand auf den Bauch, genau über den Nabel.

- Nehmen Sie Ihre Hauptspannungspunkte wahr und entspannen Sie diese bewusst. Lockern Sie Ihre Kiefer, ohne jedoch den Mund zu öffnen. Lassen Sie Ihre Schultern fallen. Öffnen Sie Ihre Hände und lassen Sie Ihre Finger locker herabhängen.
- Schließen Sie die Augen und nehmen Sie die Stellung Ihres Körpers bewusst wahr – zuerst den Kopf, dann der Reihe nach die Arme, den Brustkorb und die Beine.
- Atmen Sie, wie Sie es normalerweise auch tun, und lauschen Sie zehn Atemzüge lang Ihrem Atem.
- Beginnen Sie nun, tief einzuatmen, indem Sie zuerst Ihren Bauch und dann Ihre Lungen füllen – mit einem einzigen Atemzug. Kontrollieren Sie zuerst, ob sich die Hand, die Sie auf den Nabel gelegt haben, hebt, und füllen Sie erst anschließend den Rumpf.
- Nehmen Sie zehn dieser tiefen Atemzüge und halten Sie danach jeweils die Luft an, während Sie bis fünf zählen. Anschließend ausatmen.
- Atmen Sie ganz natürlich weiter, bis Ihre Atmung wieder normal wird.
- Spannen Sie Ihre Muskeln sanft an. Während Sie diese wieder entspannen, öffnen Sie die Augen.

Dennis Lewis ist einer der größten Spezialisten für die Tiefatmung, die er auch als "authentische Atmung" oder "natürliche Atmung" bezeichnet. Er bevorzugt diese Bezeichnung, weil er festgestellt hat, dass, wenn man jemanden auffordert, tief einzuatmen, der Betreffende den Bauch und die Schultern einzieht – genau das Gegenteil von dem, was man eigentlich machen soll. In seinen Werken betont er, dass die Beherrschung der Atmung der wichtigste Faktor auf dem Weg zur Bewusstwerdung unseres essenziellen Wesens und das physische Substrat der transzendentalen Meditation ist:

> *Tief einzuatmen bedeutet, sich mit den Energien des Lebens anzufüllen, im Spanischen wörtlich "respirar": inspiriert werden. Ausatmen bedeutet, sich zu entleeren, uns für das Unbekannte zu öffnen, zu spüren, dass etwas zu Ende gegangen ist, und einen neuen Weg zu beginnen. Über eine intensive Wahrnehmung der wechselnden Rhythmen des primären Atemprozesses beginnen wir, unsere innere Kraft zu wecken – die Energie der Fülle.*

*Die Tiefenatmung ist für die körperliche Gesundheit
und die spirituelle Entwicklung von grundlegender Bedeutung.*
                                    Dennis Lewis

Lewis ist ein ergebener Praktiker und Förderer der ungeheuren Vorzüge, die wir dank unserer Atmung erlangen können. Durch seine Kenntnisse der östlichen Philosophien ist er zu der Erkenntnis gelangt, dass der Akt des Atmens an sich eine Art alltägliches Wunder ist, das uns unendliche Möglichkeiten der Perfektion eröffnet. Mit seinen Worten ausgedrückt:

Über Jahrtausende hinweg war die Kontrolle über die Atmung ein integrierter Bestandteil der Meditation, d. h. ein integrierter Teil der Reise zu unserer eigentlichen Essenz. Durch unsere Atmung können wir, besonders, wenn sie tief und entspannt ist, unseren Geist ins tiefste Innere des außergewöhnlichen Tempels, den unser Körper darstellt, ziehen.

Übung zur natürlichen Atmung
(Dennis Lewis)

Diese Atemübung ist sehr einfach, aber auch sehr wirkungsvoll. Wenn Sie über mehrere Wochen hinweg jeden Tag 15 Minuten darauf verwenden, werden Sie die positiven Auswirkungen sowohl in Ihrem Körper als auch in Ihrer Seele spüren.

* Setzen Sie sich auf den Boden oder auf einen Stuhl, den Rücken gerade, die Beine im Lotussitz überkreuzt. Wenn Sie sich in dieser Stellung nicht wohl fühlen, stellen Sie Ihre Füße einfach auf den Boden. Die Beine sind dabei um 90 Grad abgewinkelt. Wenn Sie auf dem Boden sitzen, strecken Sie diese, leicht gespreizt, auf natürliche Weise vor sich aus. Achten Sie in jedem Falle darauf, dass Sie den Rücken gerade halten.

- Kreuzen Sie die Hände vor der Brust oder legen Sie diese auf die Knie, die Handflächen nach unten. Spüren Sie, wie das Gewicht Ihres Körpers vom Universum getragen wird und spüren Sie, dass Sie das volle Bewusstsein über Ihre lebenswichtigen Körperteile und -funktionen haben.
- Beginnen Sie, Ihrem Atem geistig zu folgen, während Sie ein- und ausatmen. Nehmen Sie diesen Rhythmus bewusst wahr – er wird Sie anleiten, tief zu atmen. Achten Sie beim Einatmen auf die Temperatur und die Vibration der Luft und nehmen Sie diese auf ihrem Weg durch die Nase, vorbei an den Nasenhöhlen, den Hals entlang in die Luftröhre und schließlich in die Lungen hinein wahr. Folgen Sie beim Ausatmen dem umgekehrten Weg, bei dem die Luft wieder ausgestoßen wird. Manipulieren Sie Ihre Atmung nicht, verändern Sie sie nicht, lassen Sie sie mindestens fünf Minuten lang einfach fließen.
- Reiben Sie mehrmals die Handflächen gegeneinander, um diese anzuwärmen, ohne dabei aber die bewusste Wahrnehmung über den Atemfluss zu verlieren. Legen Sie diese dann auf den Nabel und spüren Sie tief in das Innere Ihres Bauches hinein. Achten Sie darauf, wie die Wärme und Energie Ihrer Hände Ihre Atmung beeinflussen. Beim Einatmen weitet sich Ihr Bauch, beim Ausatmen zieht er sich zusammen.
- Je bewusster Sie sich dieser Atembewegungen werden, desto mehr werden Sie eine Konzentration von Energie tief in Ihrem Bauch empfinden, etwa 3 bis 6 Zentimeter unter dem Nabel. Spüren Sie beim Einatmen, wie diese Energie den ganzen Bauch- und Brustraum füllt. Beim Ausatmen wird die Energie zu einer kompakteren Kraft gebündelt.
- Genießen Sie diese Energieerzeugung in Ihrem Inneren einige Minuten lang. Wenn Sie an dem Punkt sind, wo Sie aufhören möchten, gestehen Sie sich noch einige Extraminuten zu, um zu spüren, wie die Zellen in Ihrem Bauch und Ihrer Wirbelsäule diese Energie, bzw. einen Teil davon, aufsaugen. Richten Sie dann Ihr geistiges Augenmerk auf Ihr Sein, wie Sie dasitzen und atmen.
- Nach dieser Übung werden Sie spüren, dass Ihr Körper entspannter und Ihr Geist gelassener und offener ist, wie bei einem authentischen "atmenden Wesen".

NUR 15 MINUTEN NATÜRLICHES ATMEN PRO TAG KANN SIE MIT NEUER ENERGIE ERFÜLLEN.

Wie bereits festgestellt, gehört die Tiefenatmung zu den Grundaspekten des Yoga. Ziel ist es, das Individuum ins Ganze zu integrieren. Um dies zu erreichen, arbeitet man beim Yoga kontinuierlich über den Körper, den Geist und die Seele, mit dem Ziel, diese zu vereinen, um vollkommene Fülle zu erlangen. Man glaubt, dass die Ausübung der Tiefenatmung auf der Basis von bestimmten Körperstellungen, Meditationstechniken und Atemübungen bereits vor mehr als 5.000 Jahren erstmals praktiziert wurde.

> *Atme ein, und Gott nähert sich dir.*
> *Halte den Atem an, und Gott wohnt in dir.*
> *Atme aus, und du näherst dich Gott.*
> *Halte den Atem an, und du kommunizierst mit Gott.*
>   Krishnamacharya

Das so genannte "Hatha Yoga" ist die bekannteste und im Westen am meisten verbreitete Form dieser hinduistischen Doktrin, die Körper und Geist vereint. Die zugehörige Atemtechnik, das "pranayama", umfasst drei Etappen, die andere "Höhlen" in unserem Körper einbeziehen: die Bauchhöhle, das Rippenfell und das Schlüsselbein.

Die Methode des Pranayama Yoga

Um diese Übungen auszuprobieren, ist es am besten, sich bequem und entspannt hinzulegen, sei es auf dem Bett oder auf einer Decke am Fußboden. Die Augen sind dabei geschlossen. Wenn Sie bereits etwas Erfahrung haben, können Sie diese Übungen in jeder Situation oder an jedem Ort praktizieren.

1. Bauchatmung
* *Einatmen:* Holen Sie langsam Luft und lenken Sie diese zunächst in den Bauch. Sie werden feststellen, dass dieser sich durch den Luftdruck auf das Zwerchfell aufbläht.

- *Anfängliches Ausatmen:* Atmen Sie mehrere Male langsam und gedehnt aus. Versuchen Sie dabei, die gesamte Luft aus Ihrem Inneren auszustoßen.
- *Tiefes Ausatmen:* Nach mehreren Übungen werden Sie merken, dass Sie tiefer atmen, und dass sich die Atmung auf den Bauchraum konzentriert. Geben Sie nun mit lauter Stimme beim Ausatmen den Mantra-Ton 'OM' von sich – zuerst den Vokal: OOOO ... und am Ende MMMM. Dadurch erreichen Sie eine langsamere, kontinuierlichere Ausatmung, bei welcher der Brustkorb und der Bauchraum entspannt werden.

2. Rippenfellatmung

- *Vorbereitung:* Am Besten macht man diese Übung im Sitzen bei ganz entspannter Haltung, um die Lungen gut leeren und den Bauch kontrahieren zu können.
- *Einatmen:* Halten Sie den Bauch angespannt und atmen Sie langsam ein: Sie spüren, wie die Luft Ihre Lungen füllt und Sie sich dabei seitlich bis zum Rippenfell weiten. Dies erfordert mehr Anstrengung als bei der Bauchatmung.
- *Ausatmen:* Lassen Sie die Luft leicht und kontinuierlich ausströmen. Sie werden feststellen, dass sich zuerst das Rippenfell leert und daraufhin die Lungenflügel. Kontrahieren Sie dann langsam das Zwerchfell, um den Rest der Luft aus dem Bauchraum auszustoßen.

3. Schlüsselbeinatmung

- *Vorbereitung:* Setzen Sie sich entspannt hin und kontrahieren Sie Ihre Muskeln im Bauch und im Brustkorb so stark wie möglich. Pressen Sie hierzu sogar mit den Handflächen dagegen.
- *Einatmen:* Heben Sie Ihre Schlüsselbeine an und schieben Sie dabei Ihre Schultern nach hinten. Halten Sie den Druck auf den Brustkorb und atmen Sie soviel Luft wie möglich ein. Sie werden feststellen, dass dies nicht viel ist. Doch ihre Positionierung fördert das Gefühl der Erfüllung beim Atmen.
- *Ausatmen:* Lassen Sie die Luft langsam entweichen. Lockern Sie anschließend den Druck auf den Brustkorb, um eventuelle Reste, die im Bauch zurückgeblieben sind, auszustoßen.

4. Vollatmung

Hierzu werden die drei vorangegangenen Übungen kombiniert, um Ihren Organismus zu reinigen und zu stärken sowie Ihre mentale Energie zu stimulieren. In diesem Fall müssen sie beim Ausatmen anfangen:

- ***Tief ausatmen:*** Entleeren Sie Ihre Lungen vollständig – ziehen Sie dazu zunächst den Bauch zusammen, danach den Brustkorb.
- ***Intervallatmung:*** Ziehen Sie langsam Luft ein. Entspannen Sie dabei Ihr Zwerchfell, um zunächst die Bauchzone zu füllen. Dehnen Sie daraufhin Ihren Brustkorb aus, um Ihr Rippenfell zu füllen. Heben Sie abschließend die Schlüsselbeine, um ein wenig mehr Luft in die oben liegenden Zwischenräume zu füllen. Halten Sie daraufhin einen Augenblick lang die Luft an, um diese sodann langsam in die andere Richtung wieder entweichen zu lassen.

EINE VOLLE, TIEFE ATMUNG FÖRDERT
DIE VERBINDUNG VON KÖRPER UND GEIST.

Atmung und Gesundheit

Ein direkter Effekt der Tiefenatmung ist ihr Einfluss auf die Aufrechterhaltung der Gesundheit unseres Organismus. Das Zwerchfell sitzt am unteren Rand des Brustkorbes und besitzt Verlängerungen, die bis zu den Lendenwirbeln reichen. Durch die Bewegung bei der Tiefenatmung senkt sich das Zwerchfell beim Einatmen und massiert dabei die Leber, den Magen und andere Organe und Gewebe im Bauchraum. Beim Ausatmen hebt es sich dann, um das Herz zu massieren.

Die Bewegungen bei der Ausdehnung und Kontraktion des Bauches und des Brustkorbes tragen außerdem zugleich zur Massage und Entgiftung unserer inneren Organe bei, fördern die Durchblutung und die peristaltische Funktion und bewirken, dass die Lymphe mit mehr Druck durch das Lymphsystem gepumpt wird.

> *Die Formel zur Senkung eines Druckes im Körper –*
> *welcher Art auch immer –, ist eine gute, tiefe Atmung.*
> **Byron Nelson**

Steigern Sie Ihre Konzentrationsfähigkeit

Das unentbehrliche Grundwerkzeug zur Beherrschung unserer mentalen Energie ist die Konzentration. Alle Spezialisten und Meister des Mentalismus haben in ihren mannigfachen Formen viel Zeit, Reflexion und Erfahrung auf jenen

wichtigen Aspekt der Gedankenkontrolle verwandt, die nötig ist, um das Gesetz der Resonanz wirken zu lassen.

Die Verfechter des Positiven Denkens ebenso wie die medizinischen Recherchen auf dem Gebiet der Neurologie und Psychologie haben den Beweis erbracht, dass der Großteil der Menschen nur einen recht niedrigen Level an Konzentration einsetzten. Es ist also durchaus möglich, dass Ihr Konzentrationsvermögen um einiges über dem Niveau liegt, das Sie normalerweise nutzen. Sie sollten folglich die Techniken der Tiefenkonzentration erlernen und anwenden, da Sie mit deren Hilfe Ihre Mentalkraft spürbar manifestieren können. Ein verbreitetes Axiom unter den Mentalisten lautet: "Die Kraft der mentalen Konzentration eines Menschen zeigt in hohem Maße die Dimension seiner Größe."

DAS ERLERNEN DER KONZENTRATIONSFÄHIGKEIT IST DER ERSTE, UNERLÄSSLICHE SCHRITT ZUR BEHERRSCHUNG UNSERES GEISTES.

"Sich zu konzentrieren bedeutet, unsere mentalen Fähigkeiten bewusst direkt auf ein einziges Objekt zu fokussieren – ohne jegliche Ablenkung."

Diese Definition des Psychologen Waldo Vieira beschreibt mit einfachen Worten die Richtung des Prozesses der Konzentration. Es wird deutlich, dass er sich, wenn er "ein einzelnes Objekt" sagt, nicht nur auf materielle Dinge bezieht, sondern auch auf virtuelle Objekte, Bilder, Ideen oder, wie wir später sehen werden, Visualisierungen unserer Wünsche. Und er erklärt es folgendermaßen:

> *In Wahrheit braucht jemand, der sein Bewusstsein projizieren möchte, nichts anderes, als die bestimmende Kraft seines Wunsches. Dies ist unerlässlich und kann nicht durch intelligentes Handeln des bewussten Geistes ersetzt werden.*

Möglicherweise denken Sie, dass es Ihnen ganz leicht fallen würde, sich auf ein mentales Bild zu konzentrieren und sich auf dieses fest zu fixieren. Vielleicht glauben Sie sogar, dass Sie dies schon viele Male getan haben, beispielsweise wenn Sie sich das Gesicht eines geliebten Menschen oder einen Ort vorgestellt haben, den Sie gern besuchen möchten. Doch dies sind nur unvollständige Teilerfahrungen, wenn wir sie mit der wahren Beherrschung der mentalen Konzentration vergleichen. Versuchen Sie nochmals, diese Konzentration fünf Minuten lang aufrecht zu erhalten – ohne jegliche Assoziation von Bildern, ohne jegliche Ablenkung oder Unterbrechung. Sie werden merken, dass dies in Wirklichkeit sehr schwierig ist, und höchstwahrscheinlich wird es Ihnen gar nicht gelingen ...

Dies rührt daher, weil unser Geist von Natur aus in seinem Bestreben, von einem Punkt zum anderen zu springen oder mehrere Dinge zugleich zu denken, unermüdlich ist. Seine Aufmerksamkeit wird beständig von neuen Anziehungspunkten in Anspruch genommen, und oft wählt er diese willkürlich aus. Viele derjenigen, die behaupten, sich leicht konzentrieren zu können, lassen sich in Wirklichkeit von Gedanken tragen, die sie einhüllen und sie alles andere vergessen lassen, insbesondere, wenn sie eine Routinearbeit ausführen oder einem Gespräch beiwohnen, das sie nicht interessiert. Dabei handelt es sich nicht um mentale Konzentration, sondern lediglich um Träumereien: Wer dies erlebt, träumt in Wirklichkeit mit offenen Augen, ohne irgendein Bemühen um Kontrolle und Ausrichtung der Schwingungen seines Geistes hin auf positive Gedanken.

SICH ZU KONZENTRIEREN BEDEUTET NICHT NUR, WACH ZU SEIN, SONDERN AUCH, UNSERE GEDANKEN ZU FOKUSSIEREN.

Das Grundelement der Konzentration ist die Fähigkeit zur Aufmerksamkeit. Diese wiederum hängt grundsätzlich von unserem Willen ab – d. h. von unserer Bereitschaft, diese Fähigkeit anzuwenden, auch im Rahmen unseres alltäglichen Lebens. Natürlich setzen Sie Ihre Konzentration in verschiedenen Situationen ein, die dies erfordern: wenn Sie eine wichtige Nachricht studieren oder lesen, wenn Sie einen Film oder eine spannende Fernsehserie anschauen, wenn Sie eine schwierige Arbeit ausführen oder ein kompliziertes Hobby verrichten sowie bei allen Situationen, die keine Nachlässigkeit erlauben, wie etwa auch das Überqueren einer Straße ohne Ampel.

In solchen Fällen setzen Sie Ihre Aufmerksamkeit spontan ein, gleichsam ohne Einmischung Ihres Bewusstseins, weil Ihr Geist aus Erfahrung darauf vorbereitet und trainiert ist, auf diese Art und Weise zu reagieren. Kinder, die die Erfahrung und mentale Wendigkeit der Erwachsenen noch nicht erworben haben, sind für gewöhnlich viel abgelenkter und konzentrieren ihre Aufmerksamkeit nicht lange auf eine Sache. Doch diese "natürliche" Aufmerksamkeit, wie wir sie einmal nennen möchten, reicht nicht aus, um eine wirkliche Hochkonzentration zu erreichen. Die Kursleiter und Coaches des Mentalismus der östlichen und westlichen Welt raten zu Übungen, um die Aufmerksamkeit als Vorbereitung zur Ausübung der richtigen Konzentration zu entwickeln. Im Folgenden nun einige Beispiele:

Übungen zur Steigerung der Aufmerksamkeit

* *Auf der Straße:* Halten Sie an einer Straßenecke an und betrachten Sie die Gebäude auf der gegenüberliegenden Straßenseite. Wählen Sie sich ein Bestimmtes aus. Betrachten Sie es ganz eingehend, von der Türschwelle bis zum Dach. Prüfen Sie, ob es im Erdgeschoss Räume gibt, zählen Sie die Stockwerke und Fenster oder Balkone. Finden Sie heraus, ob es dort Gegenstände oder Schmuckwerk gibt (Gitter, Pflanzen, Blumen, Haushaltsgegenstände, etc.). Studieren Sie alle architektonischen Details, die Gesimse an der Fassade, die Form und Größe der Türe, usw. Schließen Sie daraufhin die Augen und versuchen Sie, dieses Gebäude mental zu rekonstruieren.
* *Beim Musikhören:* Ganz gleich, ob Sie sich Musik im Rahmen eines Konzertes direkt oder als Mitschnitt bzw. im Radio anhören. Egal, welche Art von Musik Sie gewählt haben. Wichtig ist, dass verschiedene Interpreten beteiligt sind und dass das Stück fünf bis sieben Minuten dauert. Wählen Sie eines der Instrumente aus und fokussieren Sie Ihre ganze Aufmerksamkeit auf dessen Einsätze während des gesamten Musikstückes – verfolgen Sie beispielsweise bei einem Jazzstück den Bass, bei einer Sinfonie die Violoncellos oder bei einem Rockkonzert das Schlagzeug.

  Wenn Sie dies üben, können Sie Ihre auditive Aufmerksamkeit leichter zur Entfaltung bringen. Diese kann bei bestimmten Konzentrations- und Visualisierungsaufgaben eine wichtige Rolle spielen. Besonders gut gelingt dies, wenn Sie ein Spiel anschauen – dies kann eine Begegnung in einer beliebigen Mannschaftssportart sein (Fußball, Basketball, Hockey, Handball usw.). Es ist besser, wenn Sie sich für den allgemeinen Ablauf der Partie weniger interessieren, weil Sie Ihre ganze Aufmerksamkeit einem einzigen Spieler widmen sollen. Sorgen Sie dafür, dass Sie ihn beständig verfolgen, gleich, ob er am Spiel teilnimmt oder nicht, selbst wenn er erstarrt verweilt. Es geht nicht darum, seine Leistung zu beurteilen, sondern darum, ihn keinen Augenblick aus den Augen zu verlieren. Versuchen Sie, diese Übung zehn bis fünfzehn Minuten lang durchzuführen und diesen Zeitraum bei jeder weiteren Übung allmählich weiter auszudehnen.

Diese Vorschläge sind lediglich Beispiele für Übungen, die an Schulen und Zentren für Mentalismus angeboten werden. Sie können durchaus weitere Übungen erfinden, die für Ihre persönlichen Lebensumstände und Ihren Lebensstil geeignet sind. Voraussetzung ist, dass Sie diese jederzeit und mit Leichtigkeit zwei- bis dreimal täglich ausführen können.

Talent ohne tiefe Aufmerksamkeit bedeutet nichts.   Helvetius

Nutzen Sie Ihre Chancen gut!

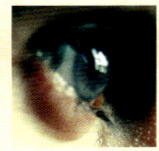

Ein gut trainierter Mentalist kann sich mit erstaunlicher Intensität auf ein Thema oder einen Gegenstand konzentrieren. Er ist völlig in diese Gedankenwelt versunken und aller anderen Dinge dieser Welt entrückt. Hat er sich jedoch nach Plan oder über den Zeitraum hinweg konzentriert, den er sich vorgenommen hat, so kann er seinen Geist von der Angelegenheit weglenken und fühlt sich völlig frisch und bereit, neue Aufgaben anzunehmen.

So verhält sich die Sache, und in Ihrem Fall kann sie auch nicht anders sein. Wenn Sie glauben, dass das Training Ihrer Aufmerksamkeit, Ihrer Konzentration und Visualisierungskraft Ihr Tun oder Ihr Beziehungsleben beeinträchtigen könnte, dann deshalb, weil Ihre Ausbildung falsch oder unvollständig war. Im Gegenteil – wenn Sie tun, was Sie tun müssen, und dies so tun, wie Sie es tun müssen, wird die Beherrschung Ihres Geistes und seiner positiven Schwingungen eine transzendentale Verbesserung aller Aspekte Ihres Lebens mit sich bringen.

SIE KÖNNEN IHRE KONZENTRATIONSFÄHIGKEIT JEDEN AUGENBLICK IHRES TÄGLICHEN LEBENS TESTEN.

Selbst wenn Sie einige Übungen zur Steigerung der Aufmerksamkeit und der Konzentration als Vorübungen für eine systematische, regelmäßige Hochkonzentration weiterbetreiben können, wird der Moment kommen, da Sie sich dazu imstande fühlen, diese Technik ernsthaft zu beginnen. Auf keinen Fall ist es gut, die Dinge zu überstürzen, da Hektik nicht nur ein Anzeichen für negative Ängste ist, sondern auch zu Fehlern verleiten und Rückschritte verursachen kann. Am besten ist es also, mit den Übungen dieses Niveaus zu beginnen, wenn Sie sich ganz sicher fühlen – d. h., wenn Sie auf ein Hindernis stoßen, wird dies auch nicht mehr den Weltuntergang bedeuten.

Peter Kummer, ein anerkannter Experte der Visualisierung, betont die Bedeutung des Trainings und der praktischen Übungen, jedoch ohne mögliche anfängliche Misserfolge zu dramatisieren. Er erklärt es mit einem guten Vergleich:

> *So, wie man, wenn man Schwimmen lernt, manchmal Wasser schluckt, muss man auch damit rechnen, dass man ab und an so manchen Fehler und Irrtum begeht, wenn man beginnt, das Positive Denken umzusetzen. Doch wie es bei allen Dingen im Leben so ist – jene "Ausrutscher" sind unserem Lernprozess nur zuträglich und werden unser Erfahrungsniveau mit der Zeit immer mehr heben.*

Aufgrund seines umfangreichen, erfolgsgekrönten persönlichen Erfahrungsschatzes zieht Kummer eine Schlussfolgerung, die uns die Berechtigung gibt, unsere Zeit und Kraft auf den positiven Einsatz unseres Geistes zu verwenden:

> *Es gibt in der Tat Gesetze und Mechanismen der mentalen Entwicklung, die uns dabei unterstützen können, unser Leben mit Leichtigkeit in Richtung Gesundheit, Glück, Erfolg, Liebe, Harmonie und wirtschaftlichen Wohlstand zu lenken. Sie können all dies erreichen und bewirken, dass es von Dauer ist.*

> *Man kann etwas nur richtig lernen, wenn man es auch wirklich tut.*
> Peter Kummer

Damit Sie Ihre ersten praktischen Schritte zur Hochkonzentration unternehmen können, haben wir für Sie zwei Methoden bzw. Techniken ausgewählt. Beide sind leicht auszuführen und erwiesenermaßen effektiv. Sie gehören zu den Übungen, die in den Zentren des Positiven Denkens und der Tiefenmeditation am häufigsten praktiziert werden. Sie können zwischen beiden wählen oder auch beide abwechselnd ausführen. Wie Sie bereits wissen, ist es unser höchstes Anliegen, Ihnen die größtmögliche Wahlfreiheit zu überlassen, so dass Sie Ihr Leben entsprechend Ihrer individuellen Persönlichkeit und nach Ihrem eigenen Willen transformieren können.

Wir werden nun die erste Technik beschreiben, die auf der Visualisierung von Zahlen und Gegenständen basiert.

Numerische Methode zur Konzentrationssteigerung

* Setzen Sie sich entspannt hin, schließen Sie die Augen und versuchen Sie, die Ziffer 1 zu visualisieren. Sobald Sie diese deutlich vor sich sehen, sprechen Sie geistig das Wort "eins". Löschen Sie sodann die 1 und visualisieren Sie die Zahl 2. Sprechen Sie dann geistig langsam das Wort "zwei". Machen Sie mit den nächsten Zahlen weiter, bis Sie sicher sind, diese Übung ohne Schwierigkeiten zu beherrschen.
* Suchen Sie einen Punkt an der Ihnen gegenüberliegenden Wand, konzentrieren Sie sich darauf. Achten Sie darauf, dass Ihr Geist vollkommen leer bleibt. Konzentrieren Sie sich nur auf Ihren Atem. Zählen Sie bei jedem Ausatmen mit. Wiederholen Sie dies, so oft Sie können.
* Schließen Sie erneut die Augen. Löschen Sie jeden Gedanken aus Ihrem Geist und wiederholen Sie die vorangegangene Übung, während Sie beim Ausatmen mitzählen. Atmen Sie dabei im normalen Rhythmus über das Zwerchfell.
* Legen Sie einen kleinen Gegenstand (eine Geldmünze, einen Bleistift, ein Bonbon etc.) gegenüber von sich. Konzentrieren Sie sich darauf, während Sie jeden Muskel Ihres Körpers entspannen. Betrachten Sie seine Form, seine Farbe, seine Größe, seine Konsistenz etc., ohne Ihre Aufmerksamkeit davon abzuwenden. Schließen Sie sodann die Augen und versuchen Sie, diesen Gegenstand zu visualisieren. Erzeugen Sie vor Ihrem geistigen Auge erneut alle Details, die Sie beobachtet haben.

Am Wichtigsten bei diesen Übungen ist es, einen klaren Geist zu bewahren. Wenn Sie plötzlich beginnen abzuschweifen, brechen Sie die Übung ab, atmen Sie tief durch und beginnen Sie von vorn.

LASSEN SIE NICHT ZU, DASS WÄHREND DIESER ÜBUNGEN IRGENDETWAS IHREN GEIST ABLENKT.

Bei der vorangegangenen Übung empfahlen wir Ihnen einen kleinen Gegenstand als Zielpunkt zur Konzentrationssteigerung. Im Folgenden werden Sie eine Kerze benutzen, oder besser ausgedrückt, ihre Flamme, die leuchtet, wenn man sie angezündet hat. Für die alten Mystiker galt die Kerze als Metapher für den Menschen: Die Basis aus Wachs stellte den physischen Körper dar, der Docht den Geist, und die Flamme das Spirituelle oder die Seele. Daher rührt es, dass alle esoterischen Philosophien und Richtungen der Kerze Kraft und Symbolik zugeschrieben haben.

Gerina Dunwich, eine moderne, wissenschaftlich orientierte Hexe, resümiert dies mit folgenden Worten:

Die tanzende Flamme der Kerzen strahlt eine mystische Kraft aus. Über Jahrhunderte hinweg haben die Hexen und Magier diese als Schöpfungselement für die richtige Atmosphäre bei ihrem Zauber oder zur Meditation und Weissagung benutzt und damit feindselige Kräfte verbannt. Der Einsatz von Kerzen bei magischen Ritualen symbolisiert auch die Erschaffung des Lichts inmitten der Finsternis.

Andererseits ist ein leuchtendes Licht in der Dunkelheit immer ein kosmischer Bezugspunkt, ein Anziehungspunkt für den Blick, ein Wegweiser für den, der im Dunklen wandelt. Bei den Techniken des Mentalismus spielt das Licht ebenfalls genau diese Rolle – es zieht die besten Schwingungen unseres Geistes an und bündelt diese. Auf bestimmte Weise ist es, als würde seine flackernde, bernsteinfarbene Flamme eine hypnotische Kraft ausüben, die das Gesetz der Resonanz in Gang setzt.

Konzentrationsübung mit einer Kerze

Meister Waldo Vieira, den wir bereits zitiert haben, hat einige traditionelle Techniken neu überarbeitet und kombiniert und daraus folgende Übung erarbeitet:

- *Vorbereitung:* Legen Sie weite, leichte Kleidung ohne Gürtel, Gummis oder anderes Beiwerk an, das den Körper einschnüren könnte. Suchen Sie sich einen abgelegenen, stillen Raum ohne Geräusche von außen. Wählen Sie einen Moment, in dem nichts Ihre Übung stören oder unterbrechen könnte.
- *Die Meisterkerze:* Stellen Sie eine weiße, mittelgroße Kerze in einen Kerzenständer und stellen Sie diesen in eine Ecke des Raumes. Entzünden Sie die Kerze und löschen Sie alle übrigen Lichter.
- *Entspannte Körperhaltung:* Setzen Sie sich in einen bequemen Sessel oder auf einen Stuhl, etwa drei Meter von der brennenden Kerze entfernt. Halten Sie den Rücken gerade und legen Sie Ihre Hände auf die Oberschenkel.
- *Konzentration:* Fixieren Sie die Kerzenflamme, ohne sich ablenken zu lassen. Verfolgen Sie ihr sanftes Flackern, betrachten Sie ihre Farbe, bis Sie spüren, dass um Sie herum nur noch diese Flamme existiert.
- *Wiederholung:* Wiederholen Sie diese Übung täglich oder zumindest dreimal pro Woche, bis Sie sicher sind, dass Sie sie perfekt beherrschen.

> *Bei der Tiefenmeditation ist der Konzentrationsfluss*
> *so kontinuierlich wie der Fluss von Petroleum.*
>
> **Patanjali**

Vertreiben Sie negative Gedanken

Wenn Sie alle oben genannten Übungen so oft gemacht haben, bis Sie diese beherrschen, ist die Stunde gekommen, um an Ihren Gedanken zu arbeiten, diese zu erkennen und zu analysieren. Das Ziel dieser Übung besteht darin, Ihren Geist von allen negativen Gedanken, Ängsten oder unterdrückten Emotionen zu reinigen, die die lebenswichtige Transformation blockieren können, die Sie beabsichtigen.

In Wirklichkeit denken wir eigentlich den ganzen Tag – hauptsächlich, um das zu betrachten, was wir getan, gesagt, gehört oder gelesen haben. Doch es tauchen auch Gedanken auf, die mehr oder weniger spontan dahinströmen, wenn der Geist in einer Bildergalerie wandeln, sich an vergangene Situationen erinnern oder Dinge vorhersehen kann, die in Zukunft eintreten könnten. Diese vagabundierenden, gleichsam unbewussten Gedanken werden auf dieser Etappe das Feld sein, das Sie erkunden müssen.

REINIGEN SIE IHREN GEIST VON GEDANKEN, DIE IHRE POSITIVE VERWANDLUNG BLOCKIEREN KÖNNTEN.

Marty Varnadoe Dow, eine ambitionierte Schülerin von James Allen und seinem Buch "As a Man Thinketh" ("Wie der Mensch denkt, so ist er"), teilt die Gedanken in drei große Kategorien ein: das, was man und andere machen können, oder die aktiven Gedanken, das, was man wünscht und erstrebt, oder die positiven Gedanken, und das, was uns schadet und man nicht will, oder negative Gedanken. Sie illustriert es mit folgendem Beispiel:

> *Stellen Sie sich vor, Sie würden sich einem chirurgischen Eingriff unterziehen. Wenn Sie an die Chance denken, die Sie haben, da Sie in den Händen eines guten Chirurgen gelandet sind, machen Sie sich positive Gedanken. Wenn Sie sich vor Augen holen, was Sie über die Vorbereitung des Operationssaales und des OP-Teams wissen, handelt es sich um einen aktiven Gedanken. Wenn Sie vorrangig damit beschäftigt sind, was bei dieser Art von Operation schief gehen kann, haben Sie negative Gedanken.*

Negative Gedanken erschweren und problematisieren positive Gedanken nicht nur, sie behindern und lähmen auch die aktiven Gedanken. Viele Menschen glauben, dass es eine Form der "Vorbeugung" darstellt, wenn man sich all die Unglücksfälle, die sich ereignen könnten, geistig vorstellt. In Wirklichkeit sollten sie nicht an ihr eventuelles Leid als Opfer denken, sondern an Reaktionsmöglichkeiten, um nicht leiden zu müssen. Wenn Sie beispielsweise bergauf hinter einem großen, schweren LKW herfahren, würde es Ihnen nichts nützen, sich vorzustellen, dass dieser LKW zurückrollt und Ihr Auto plattwalzt. Es wäre nützlicher, sich die Handgriffe vorzustellen, die Sie unternehmen müssten, um den Aufprall zu vermeiden bzw. seine Auswirkungen abzumildern, und vor allem Ihren Reflexen als Autofahrer zu vertrauen.

Es geht also darum, Ihre negativen Gedanken zu erkennen und sie aus Ihrem Geist hinauszuwerfen, um neuen, positiven Gedanken Platz einzuräumen, die essenziell sind, um Schwingungen auszusenden, die für die Erfüllung Ihrer Wünsche und Ambitionen förderlich sind. Varnadoe Dow erklärt uns hierzu Folgendes:

> *Ihr seid nicht eure Gedanken – sie sind nur eine Aktivität eures Geistes. Ihr habt das Recht und die Verantwortung, selbst zu wählen. Eure Gedanken spiegeln die zutiefst in eurem Geist verwurzelten Normen und Glaubensüberzeugungen wider, doch diese sind nicht eure wahre Identität. In einem bestimmten Augenblick eures Lebens habt ihr so manche Denksysteme übernommen, die euren Gedanken Form verleihen. Ihr könnt euer inadäquates Denken verändern, das negative Gedanken auslöst.*

Das Paradoxe daran ist, dass der Prozess für gewöhnlich umgekehrt verläuft. Nur indem Sie Ihre negativen Gedanken vertreiben und diese durch andere, positive ersetzen, können Sie ein neues Denksystem und neue Normen erwerben, die es Ihnen ermöglichen, Ihr Leben zu verändern. Der erste Schritt besteht folglich darin, die negativen Gedanken im konstanten Strom Ihres Geistes zu identifizieren.

> *Die Gedanken sind ein unerlässliches Werkzeug, um die Realität zu verändern, die wir erleben.*
> **Marty Vernadoe Dow**

Eine der Möglichkeiten, unseren Gedanken Ausdruck zu verleihen, besteht darin, uns selbst Glaubenssätze vorzusagen – Worte, die unseren Seelenzustand oder unsere Meinung auf den Punkt bringen und uns dazu dienen, diesen Gedanken im Gedächtnis zu behalten und unausweichlich immer wieder zu bekräftigen. Dies ist die beste Methode, um die negativen Gedanken in unserem

Geist zu verankern und das Erste, was man hinauswerfen muss wie eine Art bösartige Beschwörungen, die wir an uns selbst richten. Der Experte auf dem Gebiet der mentalen Dynamik, Christian H. Godefroy, hat eine hervorragende Liste dieser Art von mentalen Glaubenssätzen erstellt, wie beispielsweise: "Ich kann nicht", "Ich darf nicht", "Ich werde versagen", "Ich bin ein Unglückspilz", "Ich mache immer alles falsch", "Das ist nichts für mich", "Ich bin zu alt dazu", "Ich habe noch nie Erfolg gehabt – warum sollte ich jetzt Erfolg haben?", "Niemand liebt mich" ... Der Rezeptvorschlag von Godefroy lautet, dieser Kategorie von Gedanken schlicht den Rücken zuzukehren, d. h., sie durch Glaubenssätze und Formulierungen auszutauschen, wie "Ich kann", "Ich darf", "Ich werde es schaffen", "Ich bin ein Glückspilz", "Ich bin selbstsicher", "Ich bin noch jung", "Ich bin sympathisch", "Ich bin sehr wertvoll" usw. Sollte Ihnen dies lediglich wie eine Methode zur Steigerung der Autosuggestion erscheinen, täuschen Sie sich womöglich. Ganz und gar ohne Selbstvertrauen werden Sie nirgendwo ankommen: Positives Denken ist weit mehr als eine einfache Massage Ihres Egos.

ERKENNEN SIE IHRE NEGATIVEN GEDANKEN AN IHREN INNEREN GLAUBENSÜBERZEUGUNGEN, DIE JENE ZUM AUSDRUCK BRINGEN.

Der indische Denker Anil Bhatnagar, ein Reiki-Experte, empfiehlt ähnliche Techniken, um negative Gedanken in ihr positives Gegenteil zu verwandeln. Sein erster Rat lautet, uns nicht von unseren Gedanken kompromittieren zu lassen, uns nicht von ihnen ködern zu lassen. In diesem Anfangsstadium ist es sehr gut möglich und natürlich, dass dies vorkommt. In diesem Falle müssen Sie die Übung umgehend abbrechen, Ihren Geist entleeren oder ganz einfach auf andere Weise einige Minuten lang ablenken. Beginnen Sie dann die Analyse Ihrer Gedanken erneut, immer aus der Warte eines objektiven Beobachters heraus. Bhatnagar erläutert diesen Gedanken folgendermaßen:

> *Lassen Sie nicht zu, dass Sie von Ihren Gedanken gestört werden. Verurteilen Sie diese nicht, rechtfertigen Sie sie nicht. Versuchen Sie nicht, diese zu kontrollieren. Beobachten Sie sie lediglich. Nach einiger Zeit können Sie Ihre negativen Gedanken identifizieren und erkennen. Konzentrieren Sie sich nun darauf, diese durch sämtliche positive Gedanken zu ersetzen, die Ihnen einfallen, so dass Sie zu diesem Thema eine positivere Haltung entwickeln.*

Ihr Freund – die Sonne

Wenn Sie in Ihrem Geist negative Gedanken entdecken, die sich nicht ersetzen oder eliminieren lassen, können Sie folgenden Trick anwenden, den Bhatnagar empfiehlt: "Stellen Sie sich eine große Sonne vor, die ein mächtiges Licht ausströmt. Nutzen Sie ihre Lichtstrahlen mental, um negative Gedanken, Emotionen bzw. Bilder zu vernichten, sobald Sie diese in Ihrem Geist aufspüren. Betrachten Sie diese Sonne als Waffe, die stets einsatzbereit ist, um automatisch unerwünschte Gedanken aufzuspüren, mit Hilfe eines Lichtstrahls zu eliminieren bzw. abzuwehren. Stellen Sie sich dabei immer vor, dass Ihre geistige Sonne Ihr treuer Freund ist, der immer bereit ist, Ihre Wünsche entgegenzunehmen."

Wir empfehlen Ihnen, über Ihren Geist ein Tagebuch zu führen – ein Notizbüchlein oder einen Ordner, in den Sie die Gedanken, die Sie sich während des Tages gemacht haben, eintragen. Es wird Ihnen helfen, sich an das zu erinnern, was Sie mit anderen besprochen und für sich gedacht haben bzw. welche Bilder und Ideen Ihnen spontan gekommen sind. Für Bhatnagar ist es sehr wichtig, dass Sie sich sowohl an die Gespräche erinnern, die Sie geführt haben, als auch an die Gedanken, die Ihnen gekommen sind, indem Sie sich in Dialoge, Diskussionen, Versammlungen usw. begeben haben. Waren sie von grundlegender Bedeutung? Welche Absicht steckte dahinter? Erfüllte das Gespräch seinen Zweck? Falls nicht – warum? Benutzten Sie präzise Worte, angemessene, passende und positive Worte? Fühlten Sie sich nach diesem Gespräch glücklich und zufrieden?

Natürlich können Sie sich die gleichen Fragen in Bezug auf Ihre Erwägungen und Überlegungen bzw. auch zu den spontanen Gedanken stellen, die Sie während des Tages hatten. Dieser hinduistische Meister empfiehlt Ihnen, falls möglich, Formen zu finden, um die Gedanken, die Sie sich beim Überlegen oder im Gespräch mit Ihren Mitmenschen machen, positiver zu gestalten. Er beharrt außerdem ausdrücklich auf der Tatsache, dass Sie dies unverzüglich tun sollen, sobald Sie Ihre negativen Worte oder Ideen erkannt haben, ohne diese vorher erst einer Analyse zu unterziehen.

> *Analysiere deine Gedanken, ohne dich mit ihnen zu identifizieren, ganz wie ein unparteiischer Beobachter.*
>
> Anil Bhatnagar

Überwinden Sie Ihre Ängste und Befürchtungen

Angst ist eine natürliche Reaktion unseres Körpers, ein kraftvolles biologisches Gefühl angesichts eines Risikos oder einer Gefahr – sei diese real oder auch imaginär. Sie entspringt einer Urfunktion, dem Verteidigungs- und Überlebensmechanismus, der uns veranlasst, die eine Gefahr zu vermeiden oder der anderen zu entrinnen. Angst ist wichtig und von Vorteil, wenn die Bedrohung reell ist, jedoch total negativ, wenn es sich um imaginäre Ängste handelt.

Die häufigste Folge von Angst ist die Ängstlichkeit, die unser Nervensystem lähmt, sowie die Beklemmung – ein Gefühl der Bedrücktheit und Traurigkeit, mit der Tendenz zu Rückfällen, wenn sie den Charakter einer manischen Depression annimmt. In den meisten Fällen sind die Motive, die diese Ängste auslösen, unrealistisch oder übertrieben und sicherlich nicht so schlimm, wie wir es uns vorstellen. Wenn wir zulassen, dass sie uns überfallen, schwächen wir unsere Gesundheit und unseren Widerstand gegen die negativen Gedanken. Sie können in der Tat zur mentalen Hauptbarriere für die Erzeugung von wohltuenden, positiven Gedanken werden.

Bereits im 17. Jahrhundert legte der große William Shakespeare, eines der Talente mit der höchsten Intuition und Sensibilität inder Geschichte, was die Psychologie betrifft, einem seiner Helden folgenden Ausspruch in den Mund: "Es ist deine Angst, vor der ich mich fürchte."

"Selbstvertrauen gewinnen: Die Angst vor der Angst verlieren" ist der provokante Titel eines der größten Weltbestseller zu diesem Thema. Autorin ist die Psychologin Susan Jeffers aus den USA. Sie selbst gibt in ihrem Vorwort zu, dass sie von der Angst und Furcht, ihre Gedanken ändern zu müssen, beherrscht war:

"Als ich noch jünger war, beherrschte mich immer Angst. Und dies so sehr, dass es nicht verwunderlich ist, dass ich mich im Laufe der Jahre an viele Dinge in meinem Leben gekettet habe, die mir zweifellos nicht gut taten. Zum Teil war mein Problem die beharrliche, leise Stimme in meinem Kopf, die unablässig zu mir sprach: 'Es ist besser, wenn du deine Situation nicht veränderst – das ist nichts für dich. Du würdest es niemals für dich selbst tun. Gehe kein Risiko ein. Du könntest einen Fehler begehen – du wirst es bereuen!' "

Wenn Sie sich mit der kleinen Susan in dieser Geschichte identifizieren, wissen Sie bereits, dass Sie sich zwingen müssen, um sich von den Fesseln der Angst zu befreien, die Sie daran hindert, dass Ihr Geist die Veränderung akzeptiert. Jeffers rät uns nicht, die Angst zu unterdrücken, sondern diese zu erkennen, ihre Ursachen und die negativen Gedanken zu analysieren, die diese provozieren – d. h., zu lernen, mit ihr zu leben, sie zu akzeptieren, um mit ihr umgehen zu können, wie der ausdrucksvolle Titel ihres Werkes lautet.

Es heißt, dass Kriegshelden sich in mutige Heldentaten stürzen, weil sie ihre eigene Angst nicht mehr ertragen können. Susan Jeffers glaubt nicht an diese unangebrachte Reaktion, sondern an einen bewussten Prozess der Umerziehung unseres Geistes:

> *Selbst wenn man die Unfähigkeit, die Angst anzugehen, als psychologisches Ungleichgewicht wahrnehmen und fühlen kann, ist es in der Mehrheit der Fälle nicht so. Ich glaube, es handelt sich ganz schlicht um ein Erziehungsproblem. Indem man den Geist umzieht, kann man die Angst einfach als Fakt im Leben annehmen, und nicht als ein Hindernis auf dem Weg zum Erfolg sehen.*

Mit dieser Überzeugung begann Dr. Jeffers zu lesen, Bildungseinrichtungen zu besuchen, mit Experten zu sprechen und mit ihnen zu diskutieren. Indem sie deren Ratschläge und Vorschläge befolgte, gelang es ihr, eine Methode zu erarbeiten, um sich das Denken, das sie zur Gefangenen ihrer Unsicherheiten gemacht hatte, "abzuerziehen". Gemäß ihren eigenen Worten begann sie, die Welt als einen weniger bedrohlichen, angenehmeren Ort zu betrachten, und konnte zum ersten Mal im Leben das Gefühl der Liebe erfahren.

DAS GEHEIMNIS BESTEHT DARIN, DIE ANGST ANZUNEHMEN UND DIE DINGE DENNOCH ZU TUN.

Laut Susan Jeffers' Methode kann man die Angst in drei Stufen einteilen. Die Ängste der ersten Stufe fallen wiederum in zwei Kategorien: Angst vor Situationen, die eintreten, und Angst vor den Situationen, die ein Handeln des Betreffenden erfordern. Wir wollen nun eine Liste beider betrachten, die notwendigerweise unvollständig ist:

Die Ängste der Stufe 1

Situationen, die eintreten:
* Älterwerden
* Einschränkung der Leistungsfähigkeit
* Pensionierung
* Einsamkeit
* die Kinder verlassen das Haus
* Naturkatastrophen
* Wirtschaftskrisen
* Veränderung
* Tod
* Attentate, Gewalt
* Krankheit, Unfall
* Verlust eines geliebten Menschen
* Raubüberfall
* Vergewaltigung

Situationen, die ein Handeln erfordern:
* Entscheidungen fällen
* Wechsel des Arbeitsplatzes oder des Berufes

* Knüpfen neuer Freundschaften
* Neustudium
* Beginn oder Beendigung einer Beziehung
* Telefongespräche
* Gewichtsverlust
* Vorstellungsgespräch
* in der Öffentlichkeit reden
* Autofahren
* sexuelle Beziehungen
* einen Fehler begehen

Eines der Hauptmerkmale der Angst besteht darin, dass sie dazu neigt, viele Bereiche unseres Lebens zu durchdringen. Haben wir beispielsweise Angst davor, neue Freundschaften zu knüpfen, ist die logische Konsequenz, dass wir ebenso fürchten, auf Feste zu gehen, uns um eine Anstellung zu bewerben, sexuelle Beziehungen zu haben usw. Dies wird klarer, wenn man die Liste der Ängste der zweiten Stufe betrachtet. Diese Stufe bezieht sich nicht auf bestimmte Situationen, sondern auf die Persönlichkeit des Betreffenden, auf die Integrität seines intimen Ichs. Wir wollen uns einige dieser Ängste, die von Susan Jeffers angeführt werden, ansehen:

Die Ängste der Stufe 2

* vor Ablehnung
* vor Misserfolg
* vor Erfolg (kommt häufiger vor, als Sie glauben!)
* vor der eigenen Verletzlichkeit
* sich betrogen fühlen
* vor Impotenz
* vor Geringschätzung
* vor Gesichtsverlust

Die Ängste der Stufe 3

Für die Urheberin der aufgeführten Listen ist die Stufe 3 eine eigene Kategorie, die alle Stufen einschließt. Die Mutter aller Ängste ist die Furcht, die Angst nicht angehen und kontrollieren zu können. Der alleinige Leitsatz der Liste der Stufe 3 ist demnach folgender:

* Ich kann nicht damit umgehen!

Mit anderen Worten – "Ich kann nicht mit Einsamkeit umgehen." "Ich kann nicht mit der Tatsache umgehen, dass ich älter werde." "Ich kann mit Misserfolg nicht umgehen." "Ich kann mit der Verantwortung, die Erfolg mit sich bringt, nicht umgehen."

> *Tief im Kern jeder deiner Ängste sitzt einfach nur die Angst.*
> Susan Jeffers

Die richtige Art, sich all seinen Ängsten zu stellen, besteht nicht darin, vorzugeben, man hätte alle äußeren Aspekte der Situation unter Kontrolle – alle Glaubensüberzeugungen und Handlungen, die zum eigenen äußeren Umfeld gehören, die man in Wirklichkeit aber gar nicht im Griff haben kann. Sie besiegen die Angst nicht, indem Sie kontrollieren, was Ihr Partner, Ihre Kinder, Ihre Freunde, Ihr Chef oder Ihre Kollegen tun oder sagen. Sie werden Ihre Ängste nicht bezwingen, indem Sie sich vorstellen, was bei einem Vorstellungsgespräch, bei einer Prüfung, an Ihrem neuen Arbeitsplatz oder mit Ihrem Geld passiert. Ganz im Gegenteil – Sie werden damit Ihre Angst nur erfolgreich steigern, weil dies Aspekte sind, die sich Ihren Kontrollmöglichkeiten entziehen. Lassen Sie sie normal fließen, und Sie werden eine enorme Erleichterung verspüren. Wir wollen ein letztes Zitat aus dem Werk von Susan Jeffers anführen:

> *Das Einzige, was Sie tun müssen, um Ihre Angst zu reduzieren, besteht darin, das Vertrauen in Ihre Fähigkeit zu stärken, all das angehen zu können, was Ihnen über den Weg kommt. Wenn Sie innerlich überzeugt davon sind, dass Sie alles meistern können, was sich Ihnen in den Weg stellt – was sollten Sie dann noch fürchten? Die offenkundige Antwort lautet: NICHTS!*

SIE KÖNNEN DIE ANGST NICHT BESIEGEN, INDEM SIE DIE ÄUSSEREN FAKTOREN KONTROLLIEREN WOLLEN.

Das Psychologen-Ehepaar James und Constance Messina haben mehr als 30 Jahre darauf verwendet, die Effekte der Angst und ihre Auswirkungen auf verschiedene Aspekte unseres Lebens zu studieren. Auf ihrer beruflichen Tournee haben sie Tausende von Fällen mit einer eigens entwickelten Technik behandelt, die auf den Prinzipien der Verhaltenspsychologie basiert. Ihr Kernpunkt besteht darin, die Ängste zu objektivieren, beispielsweise indem man in einem Tagebuch festhält, welche Ängste man täglich verspürt hat, um dann all diejenigen herauszufiltern, die regelmäßiger zu verzeichnen sind und sich mit der Zeit wiederholen, sowie solche, die nur gelegentlich auftreten.

Haben Sie erst einmal die aktivsten und beharrlichsten Ängste in Ihrem Leben registriert, so müssen Sie zu einem Prozess der Klassifikation und Analyse übergehen, die die Doktoren Messina Schritt für Schritt beschreiben:

1. Schritt

Haben Sie die Liste Ihrer Ängste erstellt, ordnen Sie diese nach ihrer Priorität – setzen Sie diejenige Angst an die oberste Stelle, die Sie am intensivsten berührt.

2. Schritt

Erkunden Sie ausgehend von diesem "Ranking" Ihrer Ängste, wie hoch Ihre Motivation jeweils ist, diese anzugehen, und beantworten Sie folgende Fragen schriftlich:

* Wie reell sind diese Ängste für mich?
* Inwieweit beeinflussen sie vergangene oder aktuelle Situationen in meinem Leben?
* Inwiefern beeinflussen sie mein Selbstbild, meine Selbstwahrnehmung und mein Selbstwertgefühl?
* In welcher Hinsicht schwächen sie mich?

- Bei welchen Dingen behindern sie mich?
- Bei welchen meiner Emotionen blockieren sie mich?
- Wie lange habe ich diese Ängste schon?
- Bin ich wirklich überzeugt davon, dass ich sie überwinden möchte?

3. Schritt

Wenn Sie die Beweggründe erforscht haben, die Sie veranlassen, Ihre Ängste anzugehen, überzeugen Sie sich anschließend selbst von der Notwendigkeit, diese zu überwinden. Beantworten Sie auf einem gesonderten Blatt folgende Fragen:

- Welchen Einfluss haben diese Ängste auf die Entscheidungen, die Sie treffen?
- Wie sehr steigt dadurch Ihr Gefühl der Verunsicherung?
- In welchem Maße hemmen diese Ängste Veränderungen in Ihrem Leben?
- Wie beeinflussen sie Ihre Reaktion auf ein Hilfsangebot von dritter Seite?
- Bis zu welchem Punkt bleiben diese Ängste an Sie selbst gebunden und auf Sie selbst beschränkt?
- Inwiefern haben diese Ängste Ihre Ausbildung, Ihr Berufsleben und Ihre beruflichen Ziele beeinflusst?
- Tragen diese Ängste dazu bei, dass Sie zu Selbstzerstörung neigen?

4. Schritt

Wenn Sie den Einfluss der Ängste auf Ihr Leben definiert und katalogisiert haben, greifen Sie wieder auf die ursprüngliche Liste zurück und beginnen Sie, diese Punkt für Punkt anzugehen, indem Sie bei der Angst beginnen, die Ihnen am meisten schadet und am tiefsten in Ihrem Geist verwurzelt ist.

5. Schritt

Benutzen Sie zur Vertreibung dieser Ängste die Technik, die wir "Stopp-Methode" getauft haben. Im folgenden Abschnitt erklären wir diesen Prozess:

"Stopp-Methode" gegen die Angst

Für diese Übungen ist es erforderlich, eine Kassette oder CD aufzunehmen. Sprechen Sie das Wort "Stopp" in Intervallen von jeweils einer, zwei und drei Minuten hintereinander aus und wiederholen Sie die gleiche Serie – 1,2,3; 1,2,3; 1,2,3 usw. – über einen Zeitraum von 30 Minuten hinweg.

* Entspannen Sie sich im Sitzen oder im Liegen, denken Sie an die Angst, die Sie überwinden wollen, und starten Sie Ihre Tonaufnahme. Unterbrechen Sie diesen Gedanken jedes Mal, wenn Sie das Wort "Stopp" hören und wälzen Sie ihn erneut in Ihrem Geist, bis Sie das nächste "Stopp" hören. Gelingt Ihnen dies nicht oder schweifen Sie ab, beginnen Sie wieder von vorn. Praktizieren Sie diese Übung zwei Wochen lang jeden Abend.
* Nach zwei Wochen muss es Ihnen gelungen sein, den negativen Gedanken anzuhalten, sobald Sie das Wort "Stopp" auf der Aufnahme gehört haben – falls dem nicht so ist, versuchen Sie es noch eine weitere Woche lang. Nun brauchen Sie diese Hilfe von außen nicht mehr. Holen Sie sich jetzt den Gedanken, den Gegenstand oder die Situation vor Ihr geistiges Auge, die Ihnen Angst machen, und löschen Sie diese, indem Sie ganz laut im Befehlston das Wort "Stopp" sagen. Wiederholen Sie diese Übung zwei Wochen lang jeden Tag.
* Sind Sie imstande, den negativen Gedanken mit einem lauten Befehl zu vertreiben, wiederholen Sie die gleiche Übung, diesmal jedoch, indem Sie das Wort "Stopp" leise vor sich hinmurmeln. Üben Sie dies täglich 30 Minuten lang über etwa zwei Wochen hinweg.
* Praktizieren Sie nun die wahre mentale Beherrschung der Angst – ohne die Hilfe irgendeines Lautes. Konzentrieren Sie sich auf den gleichen negativen Gedanken und vertreiben Sie ihn dann, indem Sie das Wort "Stopp" aussprechen, jedoch nur mental. Nach zweiwöchi-

ger Praxis werden Sie imstande sein, Ihre Angst mit Hilfe der positiven mentalen Energie zu vertreiben, die Sie mit dem Wort "Stopp" wachrufen, wenn Sie es im Geiste denken.
* Sobald diese Übung Früchte zeigt, liegt Folgendes nahe: Wenn Sie den stärksten und am tiefsten verwurzelten negativen Gedanken bezwungen haben, wird es Ihnen leichter fallen, die nächsten zu vertreiben. Wiederholen Sie die Übung mit jedem einzelnen Gedanken und halten Sie dabei die entsprechenden Schritte und Zeiträume ein.
* Es ist möglich, dass einer oder mehrere Gedanken der Angst sich später wieder in Ihrem Geist einzunisten versuchen bzw. ihm dies eventuell auch gelingt. In diesem Fall sollten Sie so bald wie möglich die "Stopp-Methode" mit dieser bestimmten Angst wiederholen, damit die positiven Gedanken nicht in Mitleidenschaft gezogen werden, die gerade im Begriff sind, Ihr Leben zu verändern.

Die Angst ist eine Illusion – sie kann nicht leben.
Der Mut währt ewig – er kann nicht sterben.
Sri Swami Sivananda

Üben Sie die Visualisierung

Das Ziel aller Techniken, die wir bisher erklärt haben, ist die Visualisierung – diese müssen Sie erlernen und beherrschen. Die Technik besteht darin, unsere positiven Gedanken in Bilder umzuwandeln. Oder, anders ausgedrückt, in Ihrem Geist Bilder zu erzeugen, die die Wünsche und Ziele darstellen, die Sie sich mit Hilfe des Gesetzes der Resonanz der kosmischen Energien erfüllen möchten. Es geht darum, ein bestimmtes Bild zu erzeugen, dieses immer wieder zu reflektieren, als sei unser Geist ein Projektor und eine Kinoleinwand zugleich.

Es ist von grundlegender Bedeutung, dass Sie niemals versuchen zu visualisieren, wie Sie Ihre aktuelle Situation zu verändern. Das Geheimnis besteht darin, dass man sich vorstellt, dass sich die Realität bereits verändert hat, und dies mehrmals zu wiederholen, wobei man präzise Details liefert und Inhalte hinzufügt. Wollen Sie beispielsweise Ihre Schüchternheit überwinden, so sollten Sie nicht einmal an sie denken. Sehen Sie direkt vor sich und visualisieren Sie, wie Sie selbst mitten in einer Versammlung stehen und etwas Waghalsiges vorführen, oder wie Sie eine Person, die Sie mögen, mit Ihrer geistreichen Unterhaltung beeindrucken.

Natürlich ist es keine leichte Aufgabe und nicht von einem Tag auf den anderen umzusetzen, unsere Vorstellungskraft so zu erziehen und zu disziplinieren, dass sie sich nur auf positive Gedanken konzentriert. Der deutsche Psychologe Peter Kummer, den wir bereits im Kapitel über die Hochkonzentration vorgestellt haben, motiviert uns mit folgenden Worten dazu, uns nicht entmutigen zu lassen:

> *Ich habe niemals behauptet, dass es leicht ist, unsere Gedanken zu verändern, die wir jahraus, jahrein in negativen Verhaltensmustern verankert haben und die von der Angst regiert werden. Doch wenn Sie Ihre Versuche stetig weiterführen, werden Sie feststellen, dass Sie sich bereits nach wenigen Wochen besser fühlen werden. Sie werden die Dinge optimistischer sehen und feststellen, dass sich Ihr Leben durchaus verändern kann.*

Die Visualisierung ist das Band,
das die geistige Welt mit der physischen Welt verbindet.   Peter Kummer

Das Versprechen, das der Autor im soeben zitierten Ausspruch gibt, muss für Sie das Licht sein, das Sie bei Ihren Bemühungen wie ein Leuchtturm leitet. Dies bedeutet nicht nur Ansporn zur Fantasie – es soll auch Ihren Glauben stärken, Ihren Glauben daran, dass die Visualisierung funktioniert, dass sich ihre Energien in der Realität widerspiegeln, weil gilt: "innen wie außen", und weil Ihr Geist reelle Situationen erzeugen und materielle Dinge anziehen kann. Sie werden eine unerwartete Kraft erlangen, wie Kummer versichert:

"Plötzlich werden Ihre Verhaltensmuster und Ängste Ihren Geist nicht mehr beeinträchtigen können. Die Bilder Ihrer Visualisierungen werden schärfer, stärker und verwandeln sich zum Bestandteil Ihres Alltags. Sie werden merken, dass Sie in Ihrem Innern ein großes Potenzial besitzen."

SIE MÜSSEN BEHARRLICH GLAUBEN UND DARAUF VERTRAUEN KÖNNEN, DASS ES IHNEN GELINGT, IHR GROSSES POTENZIAL ZU ERSCHLIESSEN.

Der Prozess der aktiven Visualisierung kann durch bestimmte Techniken in Kombination mit Kummers Vorschlägen verstärkt werden. Um den Glauben an die positive Energie zu festigen und Ihre mentalen Bilder zu bekräftigen, ist es sehr nützlich, Affirmationen folgender Art zu verwenden:

Ich liebe mich so, wie ich bin.
Ich bin glücklich aufgrund der einfachen Tatsache, dass ich lebendig bin.
Ich genieße mein Leben.
Ich stecke voller Energie.
Ich bin körperlich und geistig gesund.
Ich bin auf dem Erfolgsweg.
Ich bin ruhig und entspannt.
Ich habe immer Zeit für mich selbst.
Ich fühle mich jeden Tag besser.
Mein Gefühlsleben ist harmonisch.
Ich glaube daran, dass Fülle in meinem Leben der Normalzustand sein kann.
Ich genieße alles, was ich habe, von ganzem Herzen.

Machen Sie diese Affirmationen nicht, wenn Sie versuchen zu visualisieren. Machen Sie diese Übung allein für sich, sprechen Sie laut und falls möglich, in einen Spiegel.

POSITIVE AFFIRMATIONEN KÖNNEN DEN PROZESS DER VISUALISIERUNG VON ERFOLGEN, DIE SIE ERSTREBEN, ERLEICHTERN.

Die Effektivität der Visualisierung ist direkt proportional zu der Kraft, mit der Sie Ihre Sinneswahrnehmung von dieser Welt abwenden und auf Ihre innere Realität ausrichten können. Sobald Sie nach innen ausgerichtet sind, können Sie ein mentales Bild erzeugen, das Ihr physisches und psychisches Sein stimuliert. Das Bild wird von selbst erscheinen – richten Sie also Ihre Willenskraft und Ihre Aufmerksamkeit nach innen und ziehen Sie sie von der Außenwelt ab.

Das vorangestellte Zitat stammt von Dr. Gerald Epstein, einem Facharzt für Prävention und Heilung von Krankheiten durch positive Visualisierungen. Um sich von den äußeren Reizen abzuschotten, empfiehlt Epstein, sich in die so genannte "Pharaonenpose" zu begeben, wie er es bezeichnet. Hierzu setzt man sich in einen Sessel oder geraden Lehnstuhl. Drücken Sie Ihren Rücken gegen die Lehne. Legen Sie Ihre Arme locker auf die Armlehnen. Die Handflächen sind dabei leicht angehoben und nach oben, zur Seite oder nach unten gerichtet. Die Füße müssen flach auf dem Boden stehen. Während der Visualisierung dürfen Sie weder die Arme noch die Beine kreuzen. Diese dürfen auch mit keinem anderen Körperteil in Berührung kommen. Epstein behauptet, dass das sensorische Bewusstsein in dieser Position gegen Botschaften von außen isoliert bleibt und sich auf die Suche nach inneren Prinzipien, nach einem inneren Führer konzentriert, der uns eine Orientierung gibt, bevor wir eine Entscheidung fällen. Andererseits bewirkt diese Haltung, dass wir tief atmen und aufmerksam bleiben, während hingegen eine ausgestreckte Position bzw. Liegen zum Ausruhen und Schlafen einlädt.

Eine erlauchte Position

Die "Pharaonenpose" stammt von der Körperhaltung, die Pharaonen und hohe Würdenträger in der ägyptischen Kunst einnehmen. Die Völker der Antike setzten oder kauerten sich noch auf den Boden, doch mit einer Würde, die sonst nur ein Sessel oder Thron ausstrahlen. Später hielten die Könige und Kaiser diese Sitzhaltung bei, insbesondere wenn sie über ein wichtiges Thema richten und entscheiden mussten, wie anlässlich von großen Prunksitzungen von hoher protokollarischer Bedeutung. Von Pharao Khephren bis hin zum Perserkönig Darius, von der berühmten Statue von Abraham Lincoln in Washington bis hin zur Position der Astronauten in ihrem Raumschiff – die "Pharaonenpose" war schon immer ein Symbol für hohe Macht und Kontrolle über die betreffenden Situationen.

Die Fähigkeit zu visualisieren ist keine Gabe, die man einfach ausüben kann, wenn man es wünscht, sondern die Frucht eines beharrlichen, geduldigen Trainings, das ziemlich lange dauern kann. Daher müssen wir darauf hinweisen, dass diese Fähigkeit, und insbesondere die Zeit und die Mühe, die erforderlich sind, um sie zu erlangen, je nach Person stark variieren. Es gibt Menschen, die die Gewandtheit oder das Glück haben, es gleichsam auf Anhieb zu schaffen und solche, die auf eine Reihe von Schwierigkeiten stoßen, bis sie diese Fähigkeit erworben haben.

Natürlich hängt die Frage, wie leicht die Visualisierung gelingt, in hohem Maße davon ab, ob Sie die vorangegangenen Übungen bewusst durchgeführt haben und Ihre Atmung, Entspannung und Konzentration gut beherrschen. Doch auch falls dem so ist, ist es möglich, dass es Ihnen anfangs nicht leicht fällt, die Szenen zu visualisieren, mit welchen Sie arbeiten wollten. Dr. Epstein gibt einige Ratschläge, wie Sie Ihre Visualisierungsfähigkeit fördern können:

- Betrachten Sie über einen Zeitraum von ein bis drei Minuten das Gemälde oder die Fotografie einer natürlichen Landschaft. Schließen Sie danach die Augen und versuchen Sie, die gleichen Bilder vor Ihrem geistigen Auge zu erzeugen.
- Erinnern Sie sich mit offenen Augen an eine schöne Szene aus Ihrer Vergangenheit. Schließen Sie dann die Augen und versuchen Sie, in Ihrem Geist diese Szene zu sehen.
- Setzen Sie auf dieselbe Weise Ihre nichtvisuellen Sinne ein: Ihren Geruchssinn, Ihr Gehör, Ihren Geschmacks- und Ihren Tastsinn. All unsere Sinneswahrnehmungen verursachen eine Stimulierung des Geistes und können uns helfen, ein Bild im Zusammenhang mit diesem Reiz zu visualisieren.

Anfangs können Sie die Entstehung eines bestimmten Bildes nicht erzwingen. Dies gelingt nur nach entsprechender praktischer Übung. Epstein rät zu einer geduldigeren Haltung:

Wenn Sie versuchen, Ihre Visualisierungsfähigkeit zu verbessern, sollten Sie generell versuchen, sich zu entspannen, dreimal tief durchatmen, die Augen schließen und die Visualisierung von selbst auftauchen lassen. Das ist es – abwarten. Und wenn sie dann eintritt – annehmen. Welches Bild auch immer auftaucht, es ist passend und kann sich als nützlich erweisen. Selbst wenn es absurd und unnütz erscheint.

ANFANGS ERFORDERT DIE VISUALISIERUNG GEDULD,
GENÜGSAMKEIT UND ZUFRIEDENHEIT MIT BILDERN,
DIE NICHT PERFEKT SIND.

Die englische Mentalforscherin Ursula Markham hat in ihrem Land große Anerkennung geerntet, die sich inzwischen dank ihrer zahlreichen Bücher über die ganze Welt verbreitet hat. Markham hat eine Methode entwickelt, die sie "Visualisierungen zum Überleben" nennt. Ihre Themen decken ein breites Spektrum ab, das von psychischen Traumen, die bei uns Ängste, Depressionen oder Phobien erzeugen, bis hin zu Raucherentwöhnung oder Nägelbeißen reicht.

Wir haben alle irgendetwas an uns, was wir gern verändern möchten.
Ursula Markham

Wie viele ihrer Kollegen auch, misst Markham der Erzielung einer absoluten Entspannung größte Bedeutung bei und propagiert die Unterstützung durch eine spezifische Tonaufnahme, um die Vision eines Bildes oder einer Geschichte anzuregen, die zum von uns angestrebten Ziel passen:

Die Visualisierungen sind einfach das, was sie scheinen: eine Abfolge von Drehbüchern oder Handlungen, die kreiert wurden, um Ihnen zu helfen, Ihre

LERNEN SIE, IHREN GEIST ZU ERFORSCHEN · 93

Probleme, gleich welcher Art, die Sie jetzt oder in Zukunft haben können, besser zu meistern. Sie können es so handhaben, dass es Ihnen eine andere Person vorliest, oder dass Sie es selbst laut vorlesen und auf Tonträger aufnehmen.

Demnach sähe der Prozess folgendermaßen aus:

- *Sehen:* Sie sehen die geschriebenen Worte, wenn Sie sie laut vorlesen.
- *Sprechen:* Sie sprechen die Worte aus, um sie aufzunehmen.
- *Hören:* Sie hören diese Worte, während Sie die Aufnahme anhören.
- *Vorstellen:* Sie verwandeln diese Worte in mentale Bilder, wenn Sie die Technik der Visualisierung praktizieren, während Sie die Aufnahme Ihrer Stimme anhören.

Der Schlüssel zur Visualisierung liegt offensichtlich im vierten und letzten Schritt. Wenn wir erwachsen werden, nehmen die konkreten Probleme in Bezug auf die Ausbildung, die Familie, die Arbeit, das Geld usw. den Großteil unseres Denkens ein und hemmen jeden Versuch der Abstraktion. Ganz allmählich verlieren wir diese Vorstellungskraft, die unsere Kindheit erfüllte, und die heute inaktiv auf dem Grund unseres Geistes schlummert. Wenn wir plötzlich aufgefordert werden, uns vorzustellen, wir stünden am Ufer eines herrlichen Sees in einer paradiesischen Landschaft, ist es wahrscheinlich, dass wir nur eine armselige Vision zustandebringen würden, ein wackeliges Stückwerk, belagert von anderen Gedanken, die uns in Wirklichkeit mehr beschäftigen. Oder auch, dass es uns überhaupt nicht gelingt. Die britische Expertin kennt das Problem und unterbreitet einen Lösungsvorschlag:

Angenommen, Sie seien eine derjenigen Personen, die an ihrer Fähigkeit zweifeln, visuelle Bilder erzeugen zu können – was könnten Sie tun, um das zu verbessern? Versuchen Sie zu denken, die Vorstellungskraft sei ein Muskel. Wie Ihre Muskulatur wird sie schwach und weich, wenn Sie sie nicht trainieren. Man kann sie auch nicht nur ab und zu einmal trainieren, ebenso wenig wie irgendeinen Muskel, in der Hoffnung, dass er am Ende hart ist. Man muss ihn jeden Tag benutzen und die Kraft und das Potenzial Stück für Stück aufbauen.

Die "Markham-Methode", um die Vorstellungskraft zu steigern

Erster Schritt

- Schreiben Sie folgende Liste von Wörtern auf Papier ab: Haus, Baum, Tomate, Kuh, Baby, Meer, Stuhl, Narzisse, Telefon, Teekanne.
- Lesen Sie diese Worte nacheinander laut vor. Schließen Sie bei jedem Wort die Augen und versuchen Sie, sich den Gegenstand bildlich vorzustellen. Ob Ihnen dies gelingt oder nicht, spielt keine Rolle, gehen Sie zum nächsten Wort über, bis Sie die Liste ganz durch haben.

Zweiter Schritt

Füttern Sie, wenn Sie die erste Stufe beherrschen, Ihre Vorstellung, indem Sie ihr Szenen zum Visualisieren anbieten. Es kann sich dabei um beliebige Szenen handeln, die Sie gut kennen und die Sie sich gern vorstellen. Im Folgenden einige Beispiele:

- Ihr Kinderzimmer von damals;
- das Innere eines Zimmers in Ihrem aktuellen Haus;
- ein Ort, an dem Sie einen angenehmen Urlaub verbracht haben.

Dritter Schritt

Nun müssen Sie in die Szenen, die Sie visualisieren, etwas Handlung hineinbringen, indem Sie versuchen, sich selbst zuzusehen, wie Sie gerade Ihre Wünsche Wirklichkeit werden lassen. Vermeiden Sie alles, was sich in Wirklichkeit für Sie als schwierig oder beunruhigend herausstellt. Beschränken Sie sich auf einfache, angenehme Aktivitäten. Wir bieten Ihnen einige Beispiele an, doch Sie können diese auch durch jede andere Aktivität ersetzen, die Sie bevorzugen:

- einen bekannten Weg zu Fuß gehen und die Umgebung betrachten;
- ein Treppenhaus emporsteigen;
- eine Mahlzeit zubereiten;
- Ihrer Lieblingsfreizeitbeschäftigung nachgehen.

Sie sollten diese Technik täglich praktizieren und sich jedem Schritt eine Woche lang widmen, bevor Sie zum nächsten übergehen. Sie werden feststellen, dass Sie die Bilder Ihres therapeutischen Drehbuches jedes Mal besser visualisieren können.

TRAINIEREN SIE IHRE VORSTELLUNGSKRAFT, UM IHRE VISUALISIERUNGEN VERBESSERN UND PERFEKTIONIEREN ZU KÖNNEN.

Indem Sie die Ratschläge dieses Kapitels befolgen und vor allem Ihre ganze Willenskraft, Anstrengung und Beharrlichkeit in das Praktizieren der Visualisierung stecken, wird es Ihnen gelingen, diese Technik zu beherrschen. In diesem Moment werden Sie den Transformationsplan Ihres Lebens beginnen. Alle Experten empfehlen, ihn auf die großen Bereiche unseres Lebens anzuwenden: Gesundheit, Gefühlsleben, Wohlstand, Erfolg, berufliche Karriere oder Kreativität.

> *Das Leben, das nicht analysiert wird,*
> *ist es nicht wert, dass man es gelebt hat.*
>   **Platon**

4.
Wie Sie Ihr Leben verändern können

Machen Sie sich voller Zuversicht an die Umsetzung Ihrer Träume, um das Leben zu leben, das Sie sich vorgestellt haben.
Henry David Thoreau

*D*as Ziel, das Sie nun vor sich haben, besteht darin, Ihre derzeitige Existenz in ein besseres Leben zu verwandeln, das mit mehr Zufriedenheit erfüllt ist. Wenn Sie die vorangegangenen Kapitel aufmerksam gelesen haben, mit den dort vorgestellten Konzepten einverstanden sind, bewusst die praktischen Ratschläge befolgt haben und sich zur kreativen Visualisierung imstande fühlen, können Sie sich augenblicklich an die Arbeit machen.

Das Wahrscheinlichste ist, dass es mehrere Bereiche in Ihrem Leben gibt, die Sie verändern oder verbessern möchten: einen stabilen spirituellen Frieden erreichen; die Phobien und Traumata Ihrer Psyche überwinden, ganz gleich, ob diese schwer oder leicht sind; einen guten körperlichen Gesundheitszustand aufrechterhalten oder wiederherstellen; die Liebe des Partners, der Familie und der Freunde genießen; von Ihrem Chef und Ihren Kollegen respektiert und geschätzt werden; die Erfolge, die Sie sich für Ihr Berufs- oder Alltagsleben vorgenommen haben, erreichen; sich dauerhaften wirtschaftlichen Wohlstand sichern, sowie weitere legitime, vernünftige Ambitionen, die Ihnen bisher versagt geblieben sind – u.a. jenes alte Problem, das schon immer unlösbar schien oder jener Wunsch, den Sie sich niemals erfüllen konnten.

Dieses Büchlein möchte Ihnen mit Hilfe von großen Meistern der Geschichte und den besten Experten unserer Zeit Ratschläge für den Veränderungsprozess bieten, dem Sie sich unterziehen möchten. Zu diesem Zweck haben wir unsere Tipps in Themen oder Sachgebiete der individuellen Existenz unterteilt, die in etwa mit der imaginären Klassifikation deckungsgleich sind, in die all Ihre möglichen Wünsche fallen.

Wir raten Ihnen, alle Kapitel durchzulesen, auch wenn Ihr Hauptwunsch sich inhaltlich nur auf ein einziges beschränkt. Wünschen Sie beispielsweise, dass eine bestimmte Person Ihre Liebe erwidern möge, werden Sie spezifische Ratschläge hierzu im Kapitel "Intensivieren Sie Ihre zwischenmenschlichen Beziehungen" finden. Doch der Inhalt wäre für Sie noch aufschlussreicher, wenn Sie auch andere verwandte Themen nachlesen würden, wie beispielsweise unter der Überschrift "Erlangen Sie spirituelle Harmonie und mentale Balance". Wir hoffen, dass unsere Unterstützung auf diese Weise praktischer und effektiver ist. Bedenken Sie jedoch, dass die Verantwortung bei Ihnen liegt – es ist Ihr persönlicher Einsatz, und es sind auch Ihre Erfolge, die Sie auf Ihrem spannenden Weg der Verwandlung erzielen werden.

SIE MÜSSEN ALLE DINGE VISUALISIEREN, DIE SIE
SICH WÜNSCHEN, UM IHR LEBEN ZU VERÄNDERN.

Erstreben Sie spirituelle Harmonie und mentale Balance

Wenn Sie jemanden danach fragen, welcher sein größter Wunsch ist, antwortet er Ihnen womöglich ganz schlicht: "Ich will glücklich sein." Diese Antwort kennt keine Altersgrenzen und ist geschlechterübergreifend. Sie kennt auch keine ethnischen Unterschiede oder geographische Distanzen.

Es ist daher schwierig zu definieren, was man unter "Glück" versteht. Selbst die Philosophen, Denker und Psychologen können sich nicht unisono auf eine Beschreibung dieses Gefühls einigen. Für manche Menschen ist Glück etwas, was sie nur in sehr besonderen und kurzen Momenten erfahren, wie etwa bei der Krönung eines Erfolges, bei einer leidenschaftlichen Liebe, bei der Geburt eines Kindes, der Lösung eines sehr schwierigen Problems und anderen positiven, markanten Ereignissen im Leben. Aus dieser Warte betrachtet gibt es keine Möglichkeit eines vollkommen glücklichen Daseins, da unser Lebenslauf gesäumt ist von Freuden und Trauer, von Erfolgen und Niederlagen, von Liebe und Hass, von Enthusiasmus und Angst.

Und dennoch hat der Mensch, seitdem er sich seiner selbst bewusst geworden ist, versucht, in ein verlorenes Paradies zurückzukehren, wo das Glück regierte, und sich bemüht, es zu finden, sei es durch die Religion oder durch Wissen, d.h. durch den Glauben oder die Erkenntnis. Im besten Fall ist es die Kombination von beidem, die uns glücklich werden lässt, je nach unserer menschlichen Konstitution.

> *Jeder Mensch strebt nach dem Göttlichen, und der Meister muss ihm helfen, das Göttliche zu wecken, das er in sich trägt.*
>
> Swami Vivekananda

Wir haben gesagt, dass die Suche nach dauerhaftem Glück auf zwei Prinzipien beruht: auf dem Glauben und der Erkenntnis. Wollen wir nun dieser Behauptung auf den Grund gehen:

* *Glaube:* An die Güte und Gerechtigkeit Gottes zu glauben – welchen Namen und welches Aussehen auch immer wir ihm zuschreiben – und zwar, wie er sich über die kosmischen Energien und durch die Kräfte, die in unserem Geist verborgen sind, ausdrückt. Diese Gewissheit muss Ihren Glauben an sich selbst und Ihren Willen stärken, zu einem erfüllteren Leben überzuwechseln.
* *Erkenntnis:* Kenntnis der Möglichkeiten unseres Geistes, sowie der Glaubensüberzeugungen und Techniken, um diese durch Visualisierungen und Affirmationen zu wecken und uns zur Verfügung zu stellen. Dieses Wissen wird es Ihnen ermöglichen, die notwendigen mentalen Werkzeuge zu erarbeiten und zu optimieren, mit deren Hilfe Ihr Wunsch nach Veränderung Wirklichkeit werden wird.

Existenzielles Glück basiert im Grunde auf einer transparenten spirituellen Harmonie und einer gesunden, dauerhaften mentalen Balance. Auch wenn wir diese hier wie zwei getrennte Einheiten behandeln, sind sie in Wirklichkeit zwei Seiten derselben Medaille und untrennbar miteinander verbunden – so sehr, dass man die eine ohne die andere nicht erlangen kann.

In Übereinstimmung mit den Lehren von Swami Vivekananda, dem Meister der vedischen Doktrin: "Jeder Mensch muss nicht für das bewertet werden, was er manifestiert, sondern für das, was er erstrebt." Und später fügt er hinzu:

Jedes individuelle Wesen ist potenziell göttlich. Ziel ist es, diese innere Göttlichkeit zu manifestieren, indem man die äußere und innere Natur unter Kontrolle hat. Tut dies entweder durch Arbeit, durch Anbetung, durch psychische Kontrolle oder durch Philosophie. Folgt einem, oder besser allen diesen Wegen und seid frei. Aus diesen Grundbausteinen besteht unsere Religion [...] Die Doktrine, Dogmen, Rituale, Bücher, Tempel oder Bilder sind lediglich sekundäre Details.

Wenn ihr unter die Oberfläche schaut, werdet ihr die Einheit zwischen zwei Menschen, zwischen zwei Rassen, zwischen oben und unten, reich und arm, Gott und den Menschen, Mensch und Tier entdecken. Wenn ihr genügend in die Tiefe geht, erkennt ihr, dass alles nur Abwandlungen des Einen sind. Wer dieses Konzept der Einheit verstanden hat, braucht keine Illusionen mehr. Wer könnte ihn täuschen? Er kennt jede Wirklichkeit, jedes Geheimnis. Wo kann es für ihn Unglück geben? Er ist der Spur der Wirklichkeit von allem bis zum Herren gefolgt, zum Zentrum, zur Einheit von allem, was äußere Existenz ist, ewige Erkenntnis, ewiges Glück.

Das Universum ist bereit, seine Geheimnisse zu offenbaren – wir müssen nur wissen, wie wir anklopfen müssen, wie wir ihm den nötigen Schubs geben können. Die Intensität und Stärke des Anstoßes ergeben sich durch Konzentration. Das Potenzial des menschlichen Geistes unterliegt keiner Beschränkung.

Das Denken ist die treibende Kraft in uns. Es füllt den Geist mit den erhabendsten Gedanken – lauscht ihnen Tag für Tag, denkt sie Monat für Monat. Misserfolge sind niemals wichtig – sie sind ganz natürlich. Diese Misserfolge machen die Schönheit des Lebens aus.

Du musst meditieren. Meditation ist essenziell. Meditiere! Meditation ist das Größte. Sie ist das größte Tor zum spirituellen Leben. Sie ist der Moment in unserem täglichen Leben, in dem wir keine materiellen Wesen sind, sondern selbstständig denkende Seelen, frei von aller Materie ... jener wundersame Herzschlag der Seele.

WAHRER GLAUBE KENNT KEINE GRENZEN, WAS DAS POTENZIAL DES MENSCHLICHEN GEISTES BETRIFFT.

Der Verlust dieser spirituellen Dimension unseres Wesens beschäftigt Susan Jeffers ernsthaft. Sie spricht dieses Problem in einem der inspiriertesten Kapitel ihres Buches an, das den Titel trägt: "Selbstvertrauen gewinnen: Die Angst vor der Angst verlieren":

> *Oft hören wir die Wendung "Körper, Geist und Seele" als Definition der Ganzheit unseres Wesens. Die heutige Gesellschaft beschäftigt sich in erster Linie mit dem Körper und dem Geist. Die spirituelle Facette, die ein "Höheres Selbst" kennt, ist unterwegs verlorengegangen, und keiner weiß, wie. Im Augenblick gibt es relativ wenig Orte, an welchen etwas über das "Höhere Selbst" gelehrt wird. Daher dürfen wir nicht überrascht sein, wenn unsere Konzentration fast ausschließlich den intellektuellen und physischen Facetten unseres Seins gilt. In Wirklichkeit ist vielen von uns noch gar nicht bewusst geworden, dass wir auch eine spirituelle Seite besitzen.*

Im obigen Zitat erwähnt die Autorin eine der interessantesten Theorien zu den mentalen Kräften. Diese geht von der Existenz eines "Höheren Selbst" aus, etwas sehr Mächtigem in uns, das unserem Bewusstsein verborgen bleibt. Im Gegensatz zu Freuds "Über-Ich" neigt das Höhere Selbst nicht dazu, unsere Erstimpulse zu unterdrücken und zu kontrollieren, sondern stellt eine große Energiequelle dar, die für entscheidende Momente in unserem Leben reserviert zu sein scheint. Diese starke Kraft greift im richtigen Moment, ohne unsere bewusste Zustimmung und Aufforderung.

Wenn Jeffers von der Funktionsweise des "Höheren Selbst" spricht, greift sie auf Handlungen zurück, die scheinbar unmöglich oder übermenschlich sind, aber von ganz normalen Durchschnittsbürgern durchgeführt werden. Sie nennt als Beispiel den verzweifelten Familienvater, der ganz allein seinen Wagen hochhebt, unter dem seine Frau und seine Kinder eingeklemmt sind, und später nicht versteht, woher er die Kräfte nahm, um solch eine Heldentat zu vollbringen.

"Ich weiß nicht, wie ich es gemacht habe, aber ich habe es gemacht", ist für gewöhnlich die übliche Erklärung des Helden der Ruhmestat. Und in der Tat weiß sein bewusster Verstand nicht, wie dieses Wunder geschehen konnte, dieses unerklärliche Zauberwerk, das nur eine Gottheit vollbringen kann. Für Jeffers ist eben dies genau die Manifestation der göttlichen Komponente, die wir alle in uns tragen:

> *Wenn wir weit von unserem "Höheren Selbst" entfernt sind, spüren wir, was Roberto Assagioli auf so passende Weise als "göttliche Nostalgie" bezeichnet. Wenn wir das Gefühl verspüren, uns verirrt zu haben, vom Weg abgekommen zu sein, müssen wir den Weg zurück nach Hause wiederfinden. Benutzen Sie einfach die Werkzeuge, die Ihnen den Weg zu Ihrem "Höheren Selbst" weisen – und sorgen Sie so dafür, dass die guten, positiven Gefühle wieder fließen.*

Ich glaube, was wir wirklich suchen,
ist die göttliche Essenz, die wir alle in uns tragen.   Susan Jeffers

Bringen Sie die "Schwätzerin" zum Schweigen

Gemäß der Vorstellung von Susan Jeffers gibt es in unserem Geist zwei Grundkräfte. Wir kennen bereits das "Höhere Selbst", das zwar stark und positiv, jedoch nicht immer in unserem Bewusstsein präsent ist. Oft wird es von einer anderen Kraft belegt, die negative, widersprüchliche Botschaften aussendet, die versuchen, uns zu verwirren, uns zu ängstigen oder zu deprimieren. Jeffers taufte diese gefährliche mentale Botschafterin "die Schwätzerin", weil sie ohne Unterlass über alles redet und auch Unheil verkündet oder trügerisch ist. "Sie ist das Sediment all unserer negativen Ablagerungen von unserer Geburt bis zum heutigen Zeitpunkt", sagt sie uns. "Sie beinhaltet unser infantiles Selbst, das beständig unsere Aufmerksamkeit fordert und nicht weiß, wie es das anstellen soll. Unser bewusster Verstand sendet an unser Unterbewusstsein Befehle, die auf Informationen beruhen, die er unterscheidungslos entweder vom "Höheren Selbst" oder von der "Schwätzerin" empfängt. Wir können ihn schulen, wen von beiden er wählt."

SIE MÜSSEN DEN POSITIVEN BOTSCHAFTEN, DIE IHR "HÖHERES SELBST" DEM BEWUSSTSEIN SCHICKT, PRIORITÄT GEBEN.

Der Weg, der zu Frieden und individuellem Glück führt, verläuft im Westen und im Osten sehr unterschiedlich. Wir verstehen ihn im ganz pragmatischen Sinne, d.h. wir wollen bestimmte persönliche Ziele verwirklichen, wie etwa Erfolg erzielen, geschätzt oder bewundert werden, bei guter Gesundheit bleiben sowie gesicherten, legitimen Wohlstand genießen, während man im Osten die Höherentwicklung des Geistes durch materiellen Verzicht und spirituelles Wachstum sucht.

Dieser Unterschied hat nicht verhindert, dass die bedeutenden Vertreter des Positiven Denkens in Amerika und Europa viele Prinzipien und Normen der östlichen Religionen und Philosophien akzeptieren, bewundern und praktizieren, insbesondere solche des vedischen Hinduismus oder des Buddhismus. Es lässt sich beobachten, dass die verschiedenen Atem-, Entspannungs- und Konzentrationstechniken zum Großteil den spirituellen Traditionen Asiens zu verdanken sind. Beide Welten unterscheiden sich, sobald es um die Arbeit mit der Meditation und der Visualisierung geht.

Für die Mentalisten des Westens besteht die Meditation darin, sich starr auf ein Thema oder dessen Visualisierung zu konzentrieren. Gemäß der Sichtweise der spirituellen Meister des Hinduismus ist die Meditation das exakte Gegenteil der Konzentration auf ein Thema. Man muss seinen Geist öffnen, ihn von Bildern und Gedanken befreien und zwischen ihnen neutrale Räume öffnen. Das Ergebnis ist der Zugang zu einer mentalen Ruhe, einer friedvollen Stille, die die Kommunikation mit dem Göttlichen begünstigt, ganz nach Art des kontemplativen Lebens in der christlich-mystischen Tradition.

Dennoch vernachlässigt man im Ayurveda nicht die Beziehung jedes einzelnen Individuums zu seinem Umfeld und schlägt einen Pfad der Meditation und der Visualisierung vor, um auch irdische Ziele zu erreichen. Die Grundidee besteht darin, sich zuerst eine Strategie zurechtzulegen, bevor man irgendwie zur Tat schreitet. Die besagte Strategie bzw. der besagte Plan besteht in einer Art Abstimmung der Absichten mit sich selbst, um das Ziel dieser Handlung festzulegen. Mit jeder unserer Handlungen, die wir unternehmen, verfolgen wir ein Resultat, das wir vorab kennen müssen. Beim Projekt "spirituellen Frieden erlangen" muss dieses Resultat gut sein – für uns oder für andere.

Der Mensch ist so, wie er es tief in seinem Herzen wünscht. **Ayurveda**

Unabhängig davon, um welche mystische oder philosophische Strömung es sich handelt, gibt es für die Visualisierung oder Meditation eine Reihe von Techniken und Haltungen, die beinahe alle östlichen Strömungen der Visualisierung oder der Meditation einsetzen. Sie können wie folgt zusammengefasst werden:

Die Atmosphäre

Ebenso wie in der westlichen Tradition ist das beste Ambiente für die Praktizierung der Meditation ein stiller Ort ohne Ablenkungen, gut durchlüftet und mit natürlichem Lichteinfall. Im Osten ist es Sitte, eine angenehme Atmosphäre zu schaffen, indem man im Raum Bilder mit entsprechenden Anregungen aufhängt, bzw. Ikonen, Kerzen, heilige Bücher, Lichtkugeln – oder im Falle des Buddhismus: kleine durchsichtige Statuen von Buddha – aufstellt.

Die Körperhaltung

Die Körperhaltung hat bei den traditionellen Techniken der östlichen Meditation eine besondere Bedeutung. Die bekannteste Form ist der "Lotussitz", bei dem man mit gekreuzten Beinen auf dem Boden sitzt. Die Füße werden auf die Oberschenkel gepresst, der Oberkörper ist gerade. An einer anderen Stelle in diesem Buch haben wir von der "Pharaonenpose" gesprochen, die aus Ägypten

kommt und sich für Menschen empfiehlt, die gern auf einem Stuhl sitzend meditieren. Weitere klassische Körperhaltungen sind im Hatha Yoga zu finden, die Patanjali in den "Yoga Sutras" beschrieben, sowie im Zen-Buddhismus, der im Westen sehr verbreitet ist, sowie die Haltungen der "Kum nye-Methode" aus Tibet, Positionen der Gurdieff-Bewegungen oder die der Meditation im Stehen, wobei man eine imaginäre Säule umarmt, wie es von den Taoisten praktiziert wird.

Der Großteil dieser Körperhaltungen bringt Unbequemlichkeit und ein gewisses körperliches Risiko für die Anfänger mit sich. Es empfiehlt sich, diese mit der Hilfe und der Kontrolle eines ausgebildeten Coaches zu praktizieren. Die gemeinsame Norm aller dieser Haltungen ist ein gerader Rücken und eine gerade Wirbelsäule – eine Haltung, die die Meditation und die Visualisierungen begünstigt, wie man glaubt.

Die persönliche Sichtweise

Bei der Ausübung der Meditation ist die günstigste Haltung die eines objektiven Beobachters. Versuchen Sie, abwechselnd Ihren inneren Geist zu beobachten und hilfreiche Elemente zu betrachten, ohne an irgendetwas Bestimmtes zu denken. Nehmen Sie wahr, wie Ihr Geist sich von allen Gedanken reinigt, bis er leer ist wie ein weißes Blatt Papier. Nun können Sie die Bilder so malen, wie Sie sie gern hätten.

Hilfsmittel

Bei den östlichen Meditationsmethoden pflegt man im Vorfeld einige Rituale durchzuführen, um sich mental einzustimmen. Aromatische Öle pflanzlicher Herkunft, Absolues heiliger Wässer, Blumen- oder Weihrauchgaben, die den Geist reinigen, regen beispielsweise die Konzentration an und stimulieren psychische Energien, die bei der Meditation eine Rolle spielen.

Es gibt auch unterstützende Elemente für den eigentlichen Prozess wie die Mantren, die zu den meditativen hinduistischen Techniken gehören. Ein weit verbreitetes Mantra ist die berühmte rituelle Silbe "OM", wobei man beim Aussprechen das "M" vibrieren lässt. Doch es gibt auch andere Silben oder

Worte, die im Allgemeinen aus dem Sanskrit stammen. Die Buddhisten ihrerseits behelfen sich bei der Meditation mit der rhythmischen Kontrolle ihrer eigenen Tiefen- oder Bauchatmung.

Die Zeit

Die Tiefenmeditation muss täglich praktiziert werden. Die besten Resultate erzielt man, wenn es gelingt, zwei Übungen pro Tag durchzuführen. Der ideale Zeitraum, den man sich pro Meditation nehmen sollte, liegt bei ungefähr einer Stunde, wobei Anfänger die ersten Sitzungen auf ca. 30 Minuten verkürzen können, um diese später in dem Maße zu verlängern, wie sie mit der Beherrschung der Technik und dem Erzielen von Resultaten vorankommen.

> *Das Leben ist so, wie es ist – man kann es nicht ändern,*
> *doch Sie selbst können sich verändern.*
>
> **Hazrat Inayat Khan**

Nutzen Sie Visualisierungen zur Heilung

Die so genannte Trennung zwischen Körper und Geist ("Soma" und "Psyche" bei den Griechen) stammt von der traditionellen Trennung zwischen "Fleisch und Seele" und der Vorstellung, dass beide in ihrer Essenz völlig verschiedene, ja sogar entgegengesetzte Wesen sind. Heute wissen wir, dass sie miteinander im Wechselspiel stehen und eine untrennbare Einheit bilden, nämlich den Menschen, also jeden von uns.

Das Gleichgewicht zwischen Körper und Geist ist ein fundamentaler Faktor für unseren Gesundheitszustand. Wird einer dieser beiden Faktoren instabil, so wirkt sich das immer auf den anderen aus. Das ist eine Wahrheit, die die alten Psychologen äußerten, wenn sie vom "galligen" Charakter sprachen, wobei sie die Leber mit schlechter Laune und Groll assoziierten, oder vom "sanguinischen" Temperament, um die Wutanfälle und Exzesse zu beschreiben, die mit Bluthochdruck verknüpft werden.

Das berühmte lateinische Sprichwort "mens sana in corpore sano" drückt das Gleiche aus. Heute hat die Medizin endlich die Existenz psychosomatischer Krankheiten und den Einfluss bestimmter organischer oder traumatischer Leiden auf das mentale Gleichgewicht des Patienten anerkannt.

> *Die Visualisierung ist ein machtvolles Instrument,*
> *um Gesundheit über den Geist zu bewirken.*
> **Linda Mackenzie**

Der wechselseitige Einfluss zwischen Geist und Körper verleiht der Visualisierung und ihren positiven Schwingungen als Therapeutikum ein spezielles Potenzial. Neben der Tatsache, dass die mentale Harmonie an sich ein Faktor ist, der unsere organischen Verteidigungsmechanismen stimuliert, wirken die spezifischen Visualisierungen effektiv, um unseren physischen Beschwerden vorzubeugen, diese zu verbessern oder zu lindern. Dr. Linda Mackenzie erklärt die Hintergründe dieses Prozesses:

> *Bei Heilbehandlungen öffnet der wiederholte Einsatz von positiven Visualisierungen den Zugang zur Verbindung zwischen Geist und Körper. Dies macht es möglich, dass beide vereint daran arbeiten, den Heilprozess auf körperlicher Ebene in Gang zu bringen. Die Visualisierung von positiven Bildern erzeugt positive Emotionen, die sich als positive körperliche Empfindungen manifestieren.*

Der Gedanke ist so einfach, dass er Misstrauen erregt. Kann sich ein einfacher Gedanke, allein weil er klar ist und immer wieder wiederholt wird, positiv auf unsere Gesundheit auswirken? Mackenzie verteidigt diese Möglichkeit aus wissenschaftlicher Sicht der Endokrinologie. Sie bekräftigt, dass unser psychischer und emotionaler Zustand das Drüsensystem beeinflusst und führt als Beispiel das Gefühl von Angst, verbunden mit der Ausschüttung von Adrenalin durch die Nebennieren, an. Wenn wir keine Angst, keine Nervosität und keinen Stress verspüren, haben wir kein Adrenalin in unserem Körper. Es gibt auch den umgekehrten Effekt: Wenn wir kein Adrenalin zur Verfügung haben, verspüren wir diese Gefühle nicht.

Die Kommandozentrale für unsere organischen Prozesse ist der Hypothalamus. Von seiner Position an der Gehirnbasis aus kontrolliert er das vegetative Nervensystem, wie etwa den Blutkreislauf, die Atmung und die Verdauung, die Nebennieren und die Hypophyse, den Appetit, die Körpertemperatur und den Blutzuckerspiegel. Doch der Hypothalamus erfüllt ferner die Funktion des Austauschs von Emotionen und Empfindungen zwischen Geist und Körper, die von "Botenstoff-Hormonen", den so genannten "Neuropeptiden", gesteuert werden. Diese chemischen Transmitter kanalisieren die Wahrnehmungen des Gehirns über die Organe, die Hormone und die Zellaktivität in den Rest des Körpers. Die Neuropeptide gelangen bis in die Kernzonen unseres Immunsystems und ermöglichen es dem Körper und dem Geist, gemeinsam daran zu arbeiten, die Gesundheit wiederzuerlangen.

DIE ENDOKRINOLOGIE BÜRGT FÜR DIE THERAPEUTISCHE BEZIEHUNG ZWISCHEN GEIST UND KÖRPER.

Loblied auf die rechte Gehirnhälfte

Linda Mackenzie ist eine überzeugte Anhängerin der umstrittenen Theorie von den "beiden Gehirnhälften". Sie erklärt deren bedeutende Rolle für die therapeutische Visualisierung auf folgende Weise: "Auf den ersten Blick ist das Gehirn in zwei Hälften geteilt: die linke Hälfte oder das logische Gehirn, das das Sprachvermögen, das Wissen und das rationale Denken kontrolliert. Die rechte Gehirnhälfte ist kreativ. Sie beherrscht die Vorstellungskraft und die Intuition. Sie ist es, die den Zugang zur Verbindung zwischen Körper und Geist ermöglicht, damit wir erreichen, was wir wollen. Die rechte Gehirnhälfte führt uns automatisch zum Ziel. Sie akzeptiert voll und ganz, was wir erreichen möchten, ohne eine eigene Meinung zu zeigen, und handelt, um dies zu erlangen, ohne zu urteilen. Daher arbeitet die Visualisierung mit der rechten, kreativen Gehirnhälfte und nicht mit der logischen, rationalen linken Gehirnhälfte."

Um den Prozess der Visualisierung zu optimieren, hat Mackenzie eine Reihe von Ratschlägen ausgearbeitet, die Sie dabei unterstützen, besser an Ihren Sorgen oder körperlichen bzw. psychischen Leiden zu arbeiten:

1. Definieren Sie Ihr Ziel präzise. Bei der Visualisierung müssen Sie ein klares Ziel vor Augen haben, das Sie erreichen möchten. Denken Sie daran, dass Ihr Körper auf das reagieren wird, was ihm Ihre Schwingungen diktieren. Versuchen Sie, dass Ihr Ziel folgendermaßen aussieht, wenn Sie daran denken:

* klar
* spezifisch
* erreichbar

Vergewissern Sie sich auch, dass Sie fühlen, wissen und daran glauben, dass es Wirklichkeit werden wird.

2. Übernehmen Sie Selbstverantwortung. Es ist erwiesen, dass der Versuch, eine Visualisierung zu machen, ohne dafür verantwortlich zu sein, vergeudete Zeit ist. Um zu erreichen, was Sie sich erhoffen, müssen Sie auch die Verantwortung übernehmen und selbst aktiv werden. Eine normale Visualisierung, jeweils täglich morgens und abends einmal durchgeführt, erfordert ungefähr sechs Wochen Arbeit. Es gibt Menschen, die behaupten, sie würden bereits von Anfang an Ergebnisse feststellen, doch bedenken Sie, dass Körper und Geist bei jedem von uns anders sind, und dass daher auch die Zeiträume sowie die Art und Weise, in welcher wir Informationen verarbeiten, unterschiedlich sind. Seien Sie daher geduldig und übernehmen Sie folgende Verantwortlichkeiten:

* Seien Sie konsequent mit sich selbst.
* Geben und halten Sie ein Versprechen.
* Üben Sie regelmäßig Visualisierungen.
* Seien Sie geduldig und zeigen Sie Ausdauer.

- Seien Sie geistig entspannt.
- Vergessen Sie nicht, dass Sie in entspanntem Seelenzustand direkten Zugang zu Ihrem Unterbewusstsein haben.

3. Visualisieren Sie korrekt. Die therapeutische Visualisierung ist ein relativ einfacher Prozess. Wenn Sie das entsprechende Bild definiert haben, müssen Sie es vor Ihrem geistigen Auge erscheinen lassen:

- Konzentrieren Sie sich auf Ihr Ziel oder rufen Sie es laut herbei.
- Schließen Sie die Augen und stellen Sie sich während des Heilungsprozesses oder aber bereits von Ihrem Leiden befreit vor.
- Beobachten Sie, wie Ihr Körper Ihnen seine Gesundheit überträgt.
- Spüren Sie, wie Sie sich körperlich und geistig wohl fühlen.
- Spüren Sie überzeugend, dass Sie jetzt gesund sind.

4. Geben Sie nicht auf, wenn Sie keinen Erfolg haben. Setzen Sie Ihre kreative Vorstellungskraft ein, um zu visualisieren, wie die Zellen Ihres Körpers geheilt werden oder wie Ihr Immunsystem kämpft, um die Eindringlinge zu vertreiben. Sie können für die eigentliche Visualisierung auch auf äußere Mittel zurückgreifen, wie etwa:

- Stellen Sie sich vor, dass Sie gesund und glücklich sind und sich in einer sehr schönen, ruhigen Landschaft befinden.
- Lesen Sie Beschreibungen über Visualisierungen oder Bücher über Selbsthypnose.
- Schaffen Sie sich eine Stütze und nehmen Sie Ihre eigene Stimme auf.

> *Der Schlüssel zur mentalen Visualisierung steckt in der Verknüpfung von Emotionen, Gefühlen und Bildern.*
> **Gerald Epstein**

Wir kommen nochmals auf die Erkenntnisse und die Erfahrung von Dr. Epstein hinsichtlich der Vertiefung der therapeutischen Möglichkeiten der Visualisierung zurück. In seinen Büchern und Artikeln hat Epstein seine Überzeugung davon zum Ausdruck gebracht, dass die mentale Energie viele körperliche Leiden signifikant heilen bzw. lindern kann:

Obwohl die westliche Medizin nur sehr ungern anerkennt, dass der Geist Veränderungen im Körper bewirken kann, glaubt sie dennoch fest an den Umkehrschluss – nämlich daran, dass der Körper den Geist beeinflussen kann – und macht sich diesen Zusammenhang häufig zunutze. Tranquilizer, Antidepressiva und Betäubungsmittel sind nur ein Beispiel hierfür. Vorausgesetzt, es ist offensichtlich, dass der Körper den Geist beeinflussen kann – ist es dann nicht auch recht und billig zu glauben, dass der Einsatz der Mentalkraft, ebenso wie die Willens- oder Vorstellungskraft, Einfluss auf den Körper nehmen kann?

Während meiner klinischen Erfahrungen der letzten 15 Jahre habe ich nicht nur Beweise für den Einfluss des Geistes auf den Körper gesammelt, sondern auch dafür, dass es möglich ist, durch mentale Visualisierung zur Heilung des Körpers beizutragen.*

Wie bei allen ähnlich gearteten Prozessen ist es auch bei der therapeutischen Visualisierung – sei es zu Vorbeugung oder Heilung – so, dass ein mentales Bild hervorgerufen oder erzeugt wird, d.h. eine Form, die in Bezug auf die objektive Realität imaginär ist, die jedoch für das betreffende Individuum subjektiv gesehen immer reell bleibt. Diese Form hat die Eigenschaften eines beliebigen Gegenstandes, Dinges oder Ereignisses, die materiell in dieser Welt existieren, hat jedoch weder Volumen noch Masse oder Substanz. Wie man zu sagen pflegt – ist es letztendlich ein virtuelles Bild, ähnlich dem, was wir im nicht greifbaren Informationsnetz sehen oder erzeugen können.

Dieses virtuelle Bild besitzt jedoch Energie, oder, besser ausgedrückt, zieht Energie aus unserem Geist, um Schwingungen zu erzeugen, die dem in der Visualisierung Dargestellten entsprechen. Diese Schwingungen wiederum können mental zu dem Punkt oder in die Zone im Körper kanalisiert werden, die wir heilen möchten.

---

* Zu den Krankheiten und körperlichen Störungen, die der Autor als klinischer Arzt heilte und lindern half, zählen laut entsprechender klinischer Befunde rheumatische Arthritis, Prostataentzündung, Eierstockzysten, Brustkrebs, Hautausschläge, Hämorrhoiden und Bindehautentzündung.

Leiden Sie beispielsweise an einer Erkältung, so können Sie sich Ihr Atemsystem vorstellen – die Nase, den Hals, die Luftröhre, die Lungen usw. – und "sehen", wie sich der Schleim, der diese verstopft, sowie die Reizung und Entzündung der Gewebe auflösen, bis sie wieder zu ihrem normalen Rhythmus zurückgefunden haben und das Fieber verschwunden ist.

Natürlich findet dies nicht wirklich in Ihrem Organismus statt, jedenfalls nicht in eben jenem Moment. Doch wenn Sie die Visualisierung bewusst immer wieder wiederholen, wird dieser Prozess sich schneller einstellen, als Sie sich vorstellen können. Damit dies effektiv gelingt, empfiehlt es sich, dem Rat von Gerald Epstein zu folgen:

Bei der Vorbereitung des Geistes auf die Heilvisualisierungen gibt es vier Aspekte. Die ersten beiden gehören zu jeder Visualisierungsübung. Ich bezeichne diese Elemente als "Absicht" und "Ruhigstellung". Die anderen beiden zählen zur therapeutischen Visualisierungserfahrung im Gesamten. Ich nenne sie "Reinigung" und "Wandlung".

Anschließend bieten wir eine Zusammenfassung des Textes, den besagter Autor diesen vier Elementen in seinem Werk "Heilende Visualisierung" gewidmet hat:

Absicht

Die Visualisierung ist direkt und aktiv mit der Absicht verbunden, der mentalen Aktion, die unsere Aufmerksamkeit und unser Handeln lenkt. Die Aufmerksamkeit ist aktiver Ausdruck unserer Wünsche, die in unsere Körpersysteme kanalisiert werden. Sie manifestiert sich oft in Form von Handlungen körperlicher oder mentaler Art. Einfacher ausgedrückt: Die Absicht ist das, was wir gern erreichen möchten.

Was hat dies nun mit Visualisierung und Heilung zu tun? Wenn wir eine Visualisierungsübung durchführen, müssen wir immer mit der Definition einer klaren Absicht beginnen. So werden Sie beispielsweise, wenn Sie einen Knochenbruch heilen möchten, bevor Sie mit der Übung beginnen, mit lauter Stimme zu sich selbst sagen, dass Sie die Visualisierung durchführen werden, um diesen Knochen zu heilen. Wir können es als innere Anweisung verstehen –

eine Art Informationsprogramm für unseren Geist, mit dem Ziel, dass er sich ausschließlich auf den Prozess konzentriert, an dem Sie arbeiten. Indem Sie sich sagen, dass Sie eine konkrete Aufgabe umsetzen werden, und wenn Sie von dieser auch völlig überzeugt sind, steigt die Wahrscheinlichkeit, dass der Einsatz Ihrer Visualisierung von Erfolg gekrönt sein wird.

Der Wille ist ein Aspekt, der mit der Absicht aufs Engste verbunden ist, da diese von ihm abhängig ist. Der Wille ist nicht mehr als der Impuls oder die Vitalkraft, die uns befähigt, Entscheidungen zu fällen. Wenn wir dem Willen eine Richtung geben, haben wir eine Absicht oder Intention. Diese ist also der gelenkte Wille, der bei jeder Selbstheilungsarbeit unentbehrlich ist, die auf Visualisierung beruht. Durch ihren Einsatz lenken wir die Willenskraft in unser Innerstes, um neue Wege für uns selbst zu finden, die uns zu mehr Gesundheit und mehr Zufriedenheit im Leben führen. Wir wachsen also zu bewussten Meistern unseres Lebens heran.

Ruhigstellung

Die zweite Voraussetzung zur Vorbereitung unseres Geistes auf die therapeutische Visualisierung bezeichnet Epstein als "Ruhigstellung" (engl. "tranquilisation"). Das Heilungsumfeld muss in zweierlei Hinsicht ruhig gestellt sein: im Außen und im Inneren. Die äußere Ruhe befähigt uns, uns auf unsere Aufgabe zu konzentrieren, uns in uns selbst zu vertiefen. Ablenkungen und Geräusche aus dem Alltagsleben können unsere Aufmerksamkeit, die wir hierfür benötigen, stören. Es geht nicht darum, sich zur Ausübung der Visualisierung in ein Kloster oder eine Höhle zurückzuziehen. Wir sollten uns lediglich an einen Ort der Ruhe ohne Störeffekte oder Unruhe zurückziehen.

Ruhe bedeutet nicht notwendigerweise absolute Stille. Ein gewisser Geräuschpegel kann auch die innere Ruhe fördern: das Zwitschern der Vögel, das Plätschern des Regens oder auch Verkehrsgeräusche in der Ferne. Wenn Sie sich von diesen Geräuschen nicht stören lassen und ihnen auch keine besondere Aufmerksamkeit widmen, werden Sie sie bald in Ihre Übung mit integriert haben. Bemühen Sie sich bewusst darum, Lärm abzuschalten, werden Sie zu beschäftigt damit sein, darauf zu achten, diese Abschottung zu erreichen und aufrechtzuerhalten und damit den Prozess der Visualisierung blockieren.

Die Entspannung ist ein Aspekt, der untrennbar zur Ruhigstellung gehört. Dr. Epstein räumt dies zwar ein, betont jedoch, dass die meditative Entspannung oder Tiefenentspannung für die therapeutischen Übungen ungeeignet ist. Wenn Sie diese übertreiben, verlieren Sie an Bewusstheit, werden schläfrig und folglich weniger sensibel für die Visualisierungserfahrung. Ihr Ziel ist nicht die Entspannung, sondern es besteht darin, sich etwas vorzustellen und an etwas zu erinnern. Dabei sollte man in jedem Falle für eine ausreichende Entspannung sorgen, um diese Aufgabe in Ruhe und ohne Anspannung zu erfüllen.

DIE THERAPEUTISCHE VISUALISIERUNG ERFORDERT EINE KLARE ABSICHT UND EINE BEWUSSTE AUFMERKSAMKEIT IN EINEM RUHIGEN UMFELD.

Die anderen beiden Aspekte, die Dr. Epstein bei seiner Arbeit mit der Visualisierung zu Heilzwecken besonders betont, sind Prozesse, die er "Reinigung" und "Veränderung" nennt. Es sind Elemente, die über die bloße Absicht, ein körperliches Leiden oder eine organische Funktionsstörung zu heilen, hinausgehen. Hier gerät man in eine Diskussion über die Werte, Verhaltensmuster und Lebensgewohnheiten unserer Persönlichkeit. Beachten wir diese jedoch nicht, ist jeder Versuch, durch die Visualisierung Erfolge zu erzielen, zum Scheitern verurteilt.

Reinigung

Bei diesem Thema erinnert uns der Autor daran, dass der größte Teil der Ärzte der Antike, im Osten wie auch im Westen, die Reinigung als Heilmittel einsetzten. Wir meinen hiermit den therapeutischen Einsatz und mehr oder weniger das Ritual der Körperwaschung, wie dies in der ägyptischen Kultur, in den römischen und arabischen Bädern, beim Ritus der Mikvah der Juden sowie in den europäischen Thermalbädern, die heute als "Wellness-Kurorte" bekannt sind, der Fall ist. Was die Religionen betrifft, wissen wir, dass die christlichen Lehren das Taufwasser als symbolische Waschung der Seele des neuen Gläubigen betrachteten, die in manchen Fällen mit einem völligen Eintauchen von Kopf bis Fuß einherging.

Die Arbeit mit der Verbindung zwischen Geist und Körper erfordert es, dass man akzeptiert, dass beide "sauber" sind, damit dieser Prozess stattfinden kann, d.h., dass der Körper gewaschen und der Geist im Frieden mit sich selbst ist. Die sanitären Eigenschaften der Körperhygiene und die förderliche Wirkung einer heiteren, großzügigen Lebensweise auf die mentale Gesundheit sind bekannt. Gerald Epstein stützt sich im Folgenden auf diese Prinzipien:

> *Wenn ich betone, dass die Reinigung für die Visualisierungsarbeit erforderlich ist, spreche ich natürlich über mehr als nur die körperliche Hygiene. Ohne über dieses Thema ins Moralisieren verfallen zu wollen, möchte ich behaupten, dass "gesund sein" mit "sauber" sein in jeder Hinsicht dieses Ausdruckes gleichzusetzen ist. Ethisch gesprochen müssen wir uns fragen, bis zu welchem Punkt wir bei unseren Kontakten mit unseren Mitmenschen rein sind. Viele Menschen betrachten die Wiedererlangung der Gesundheit als Teil ihres persönlichen Geburtsrechtes. Dennoch täuschen sie sich selbst, wenn sie nicht imstande sind, den Zusammenhang zwischen Krankheit und "unsauberem" Verhalten zu erkennen. Bei jedem von uns wird jeder moralische oder ethische Verstoß im Körper gespeichert und kann uns bei unseren körperlichen und mentalen Aktivitäten im Lebens negativ beeinflussen.*

Zusammenfassend gesagt müssen wir, um einen Heilungsprozess über mentale Energie auszulösen, zunächst "die einzelnen Akte an sich reinigen". Dieser Reinigungsprozess gehört zur bewussten, freiwilligen Einstellung, die Voraussetzung für die Visualisierung ist. Er besteht darin, sich einer rigorosen inneren Prüfung zu unterziehen und offen dafür zu sein, um das, was unser Körper und unsere Emotionen uns mitteilen, zu erfassen und zu verstehen. Mit den Worten von Gerald Epstein ausgedrückt:

> *Über den Einsatz von Bildern können wir verhindern, dass wir leugnen, dass etwas falsch läuft, eigene Fehler korrigieren und unsere destruktiven Verhaltenstendenzen ans Licht bringen. Außerdem können wir unsere persönlichen Leiden angehen und heilen. Die Reinigung gehört zur Heilung – beide gemeinsam erschaffen einen Raum, in dem neue, gesundheitszuträgliche Tendenzen entstehen können, um eine neue, positive Entwicklung und Integration zu fördern.*

Wandlung

Das vierte und letzte Element, das Dr. Epstein empfiehlt, ist die Wandlung, nicht im Sinne unserer Transformation, sondern dahingehend, dass man beständige Veränderungen akzeptiert – den Fluss des Lebens dahinströmen lässt. Die Veränderung zu akzeptieren setzt eine Veränderung in uns voraus, die uns dazu veranlasst, die veränderliche Natur der Dinge zu akzeptieren. Epstein vertritt die Ansicht, dass wir uns, indem wir uns an Situationen klammern, die wir als "positiv" erachten, der Möglichkeit, Schmerz und Leid zu erfahren, entziehen. Dies bewirkt, dass wir, anstatt eben jene Übel zu akzeptieren und zu kontrollieren, die wir vermeiden möchten, diesen wehrlos in die Hände fallen.

Wenn wir uns an eine angenehme Situation klammern und so tun, als sei sie von ewiger Dauer, schaffen wir uns Schwierigkeiten und innere Spannungen, die sogar die Form von körperlichen Beschwerden annehmen können. Dies bezeichnet die Psychoanalyse als "Konversionsneurose". Hierbei wird das psychische Trauma oder die mentale Barriere in körperliche Beschwerden und Leiden umgewandelt. Laut Epsteins Version drückt sich dies folgendermaßen aus:

> *Die Visualisierungsarbeit in unserem Körper und Geist ist der Beginn des Befreiungsprozesses, um uns in wirklich individuelle Wesen zu verwandeln, die mit dem Wandel gut leben können. Indem die mentale Visualisierung uns befähigt, die starre Welt der Gegenstände und Erscheinungen zu verlassen, hilft sie uns, unsere unterdrückten Lebensgewohnheiten und Verhaltensmuster zu verbannen, die unsere Gesundheit häufig negativ belasten.*

> *Absicht, Ruhigstellung, Reinigung und Wandlung – dies sind die Komponenten eines gesunden Seelenzustandes. In dem Maße, wie Sie lernen, diese Komponenten zur Heilung Ihrer individuellen Leiden und Probleme einzusetzen, werden Sie nicht nur zu einem gesünderen, sondern auch freieren Menschen, der bereit ist, einige der unendlichen Möglichkeiten zu erfahren, die uns das Leben bietet.*

Wenn dein Geist und dein Körper gesund sind,
beginnst du, deine Seele zu heilen. — Platon

Intensivieren Sie Ihre zwischenmenschlichen Beziehungen

Die Fähigkeit zu lieben und geliebt zu werden ist eine Grundbedingung für ein harmonisches, glückliches Leben. Von Kind an waren wir von Menschen umgeben, die uns sehr nahe stehen, wie etwa den Eltern, Geschwistern, Großeltern und anderen Familienmitgliedern, mit welchen wir in unterschiedlichem Maße Zuneigung austauschen. Dann öffnen wir diese häusliche Welt neuen zwischenmenschlichen Beziehungen, wie etwa Freunden, Mitschülern und vielleicht auch einem Lehrer. Je nach Vorgeschichte und Milieu des Einzelnen können auch andere Personen in unsere affektive Erfahrungswelt treten. Diese Zuneigung wird nicht immer in gleichem Maße erwidert. Es ist durchaus möglich, dass wir uns von einem Mitglied unserer Familie wenig geschätzt fühlen oder unser Gefühl der Sympathie von einem Freund nicht entsprechend erwidert wird, während wir selbst für andere Personen kein Interesse verspüren, die uns ihre Zuneigung entgegenbringen.

Diese ganze Welt tritt unbewusst in Aktion, sobald wir uns verlieben. Der höchste, jedoch zugleich auch heikelste Punkt unseres Gefühlslebens ist dann erreicht, wenn die Leidenschaft der Liebe aufkommt. Darunter versteht man die quasi ausschließliche Begeisterung für eine einzige Person, auf die wir unser ganzes Verlangen nach Zuneigung projizieren. Wenn die geliebte Person unsere Gefühle erwidert, werden wir beide für eine so genannte "Partnerbeziehung" verantwortlich. Ignoriert diese uns jedoch oder weist sie uns ab, so tut sich vor uns ein Abgrund auf, der bewirken kann, dass wir für die Liebe selbst ein inneres "Verbotsschild" aufstellen und sie aus unserem Leben verbannen.

Wie es auch in anderen Bereichen der Fall ist, sind die meisten Beziehungsprobleme nicht die Schuld unserer Mitmenschen, sondern unsere eigene. Es sind unsere eigenen negativen Gedanken, unser Mangel an Selbstwertgefühl oder unsere selbstzerstörerischen Tendenzen, die uns unattraktiv machen oder uns dabei blockieren, unsere Gefühle in angemessener Weise zu zeigen. Dennoch macht dieses ungeliebte Wesen nicht Ihre ganze Persönlichkeit aus. Es gibt in Ihnen ein verborgenes Wesen, das auf sich selbst vertraut, das weiß, dass es imstande ist, zu lieben und geliebt zu werden und sich würdig fühlt, bewundert und geschätzt zu werden. Ein Wesen, das nur durch Ihre eigenen schlummernden Mentalenergien geweckt werden kann.

> *Was auch immer uns das Leben bescheren mag –*
> *es ist leichter zu ertragen, wenn wir uns geliebt fühlen.*
> **Ursula Markham**

Auf den vorangegangenen Seiten haben wir die Therapeutin Ursula Markham aus Großbritannien vorgestellt. Nun kommen wir nochmals auf sie zurück, um in ihrem Buch "Du findest alle Antworten in dir" das Kapitel über Liebesprobleme zu Rate zu ziehen:

> *Die Liebe, die gewiss die positivste all unserer Emotionen ist, kann bewirken, dass wir uns körperlich und emotional wohler fühlen. Es gibt viele verschiedene Spielarten der Liebe, und jede einzelne von ihnen ist bedeutungsvoll. Auch wenn wir womöglich nicht das Glück haben, alle zugleich zu erleben, existieren sie in Hülle und Fülle um uns herum. Je mehr wir geben, desto mehr können wir im Gegenzug auch wieder zurückbekommen.*

Markham rät weiter, dass die Liebe, die wir empfangen, sich auch auf angemessene Weise zeigen können muss, um eine entsprechend liebevolle Reaktion zu verdienen:

> *Auch wenn wir wissen, dass die Personen in unserem Umfeld uns lieben, ist es leicht, dieses Gefühl anzuzweifeln, wenn es nicht explizit ausgedrückt wird, und wir negativ gestimmt sind. Daher ist es für uns sehr wichtig, den Menschen, die wir lieben, dies immer wieder in Erinnerung zu rufen – mit Worten, mit Liebkosungen, bzw. indem wir ihnen unsere Aufmerksamkeit und unsere Zeit schenken.*

Markham, die eine Expertin auf dem Gebiet der Anwendung von Mentalenergien ist, greift darauf zurück und schlägt die Visualisierung vor, die wir im folgenden Text abgedruckt haben.

Visualisierung für die Liebe
(Ursula Markham)

Während ich mich entspanne, lasse ich meinen Geist bis in meine Kindheit zurückwandern und an die Liebe denken, die ich damals fühlte. Vielleicht an die Liebe, die ich für meine Familienmitglieder empfand, vielleicht für ein Haustier, oder auch für eine Puppe oder einen Teddybären. In meiner Kindheit kümmerte es mich nicht, ob diese Liebe erwidert wurde oder nicht – ich gab sie bedingungslos. Ich lasse jetzt zu, dass dieses Gefühl warmer, zärtlicher Liebe mein ganzes Sein durchflutet. Ich bin noch die gleiche Person – ich habe noch viel Liebe zu verschenken.

Ich habe auch Liebe in meinem Leben empfangen: die Liebe meiner Eltern, meiner Familie, meiner Freunde oder in einer Liebesbeziehung. Ganz gleich, ob diese Menschen nun in meiner Nähe sind oder nicht – diese Liebe hat sich nicht verändert, sie umgibt mich immer noch. Ich bewahre ihre Liebe in Erinnerung – und diese nährt mein Gefühl, geliebt zu sein. Es gibt keinen Grund, weshalb die Menschen, die weit weg sind, mich nicht mehr lieben sollten, nur weil wir uns nicht sehen können.

Da ich erkenne, wie wichtig es ist zu wissen, dass man geliebt wird, werde ich darauf achten, dass ich selbst den Menschen, die ich liebe, dies auch immer wieder sage. Ich werde es ihnen mit meinen eigenen Worten sagen, ich werde es ihnen mit meinen Gesten zeigen und ihnen stets meine Zeit und Aufmerksamkeit schenken. Ich weiß: Je mehr Liebe ich schenken kann, desto mehr Liebe kann ich im Gegenzug auch wieder zurückbekommen.

Ich werde auch nicht vergessen, mich selbst zu lieben. Die Selbstliebe ist eine wichtige Form der Liebe, die leider viel zu oft vergessen wird. Ich weiß, dass auch ich, wie alle Menschen, meine Fehler habe, doch wir lieben nicht nur, was perfekt ist. Wahre Liebe ist bedingungslos, ohne Fehler zu verurteilen. Folglich kann ich mich selbst mit all meinen Schwächen lieben, da ich dank dieser Liebe besser an der Veränderung eines Aspekts meiner Person, den ich schlecht finde, arbeiten kann.

Ganz gleich, was mir in meinem Leben widerfahren wird, ich werde immer diese Reserve an Liebe zur Verfügung haben, um auf sie zurückzugreifen. Liebe für mich und Liebe, die ich freigebig weiterverschenken kann. Dies wird mir helfen, negative Situationen zu meistern und positive zu fördern.

Die Autorin empfiehlt zur Unterstützung dieser Visualisierung folgende Affirmationen:

- Ich weiß, wie es ist, geliebt zu werden.
- Ich liebe mich selbst.
- Ich werde so viel Liebe verschenken, wie mir möglich ist.
- Ich werde darauf achten, dass ich meinen Mitmenschen sage und zeige, dass ich sie liebe.

JE MEHR LIEBE SIE GEBEN KÖNNEN, DESTO MEHR LIEBE WERDEN SIE IM GEGENZUG AUCH WIEDER ZURÜCKBEKOMMEN.

Die Psychologin Susan Jeffers, die wir bereits vorgestellt haben, schlägt eine sehr praktische Methode vor, damit wir uns an unsere Abmachung halten, Liebe zu verschenken und geliebt zu werden, und diese in die Tat umsetzen. Es handelt sich um einen Taschenkalender oder ein kleines Notizbuch zu diesem Zweck, das wir den Tag über ausfüllen und zu Rate ziehen müssen. Jede Seite dieses Büchleins trägt eine positive Affirmation als Überschrift, beispielsweise:

- Ich bin stark, ich bin fähig zu lieben und fürchte nichts.
- Ich handle verantwortungsvoll und in Ehrfurcht vor mir selbst und meinen Mitmenschen.

* Die Liebe ist mein Leben – ich bringe Liebe in all seine Bereiche.
* Ich spüre, wie Kraft und Liebe meine Seele durchströmen.

Unter dieser wechselnden Affirmation folgt auf jeder Seite eine feste Affirmation. Susan Jeffers schlägt Folgende vor: "Ich engagiere mich in jedem Bereich meines Lebens zu 100 Prozent. Ich weiß, dass ich wichtig bin, und ich agiere dementsprechend." Etwas weiter unten nennt sie eine andere prägnante Affirmation: "Ich habe ein erfülltes Leben."

Kommen wir nun zum eigentlichen Notizbüchlein, das eine Reihe von Punkten bietet, die Sie täglich als Verpflichtung oder Erinnerung zu erfüllen haben. Im Folgenden die Liste dieser täglichen Themen:

* *Spirituelles Wachstum:* In diese Sparte tragen Sie alle Visualisierungsübungen und/oder Affirmationen ein, die Sie den Tag über machen möchten.
* *Liebe:* Was Sie unternehmen möchten, um Ihre zwischenmenschlichen Beziehungen zu bereichern – dies kann eine Einladung zum Essen mit Ihrem Partner sein, oder Sie besorgen ein Geburtstagsgeschenk für ihn. Vielleicht holen Sie auch einfach seinen Anzug aus der Reinigung ab.
* *Familie:* Sie können sich Dinge vornehmen, wie etwa, Ihrer Mutter einen Blumenstrauß schicken zu lassen, eine Tante anzurufen, die ihren Geburtstag feiert, oder einem Cousin, den Sie vernachlässigt haben, eine Email zu schreiben …
* *Freunde:* Denken Sie an ein Buch für einen Ihrer Freunde, laden Sie eine Freundin zum Mittagessen ein, schlagen Sie ein wöchentliches oder monatliches Treffen vor, rufen Sie diejenigen an, die Probleme haben, um ihnen Ihre Hilfe oder Unterstützung anzubieten.
* *Persönliches Wachstum:* Schreiben Sie sich für einen Yogakurs ein, frischen Sie Ihre Sprachkenntnisse auf, lesen Sie jenes Buch, das Ihnen empfohlen wurde, gehen Sie regelmäßig zur Gymnastik, beginnen Sie – falls nötig – eine Schlankheitsdiät.
* *Freizeit:* Lesen Sie, was Sie interessiert, hören Sie gute Musik, nehmen Sie ein entspannendes Bad, schwelgen Sie in schönen Erinnerungen, denken Sie an positive Dinge, kochen Sie sich einen Tee, legen Sie sich hin und entspannen Sie sich, ohne an etwas Bestimmtes zu denken.
* *Beitrag zur Gemeinschaft:* Arbeiten Sie mit einer privaten Organisation oder einem Wohltätigkeitsverband zusammen, bringen Sie sich positiv bei

Nachbarschaftstreffen ein, sammeln Sie Altkleider für die Dritte Welt, gehen Sie zum Blutspenden usw.
- *Arbeit:* Tragen Sie wie in jedem anderen Kalender auch Ihre Termine und beruflichen Verpflichtungen ein. Versuchen Sie, eine positive Notiz hinzuzufügen, beispielsweise jemandem zu seinem Erfolg gratulieren oder einige Stückchen Kuchen zum Kaffee zu spendieren.
- *Risiko des Tages:* Markieren Sie sich eine Entscheidung oder Aktivität, die ein gewisses Risiko in sich birgt, die Sie jedoch gerade in Angriff nehmen möchten. Notieren Sie sich mögliche Präventivmaßnahmen, damit es positiv verläuft, bzw. überlegen Sie sich, wie Sie das Beste daraus machen können, falls es schief laufen sollte.
- *Heute muss ich dankbar sein für ...:* meinen guten Gesundheitszustand, für die Zuneigung, die mir entgegengebracht wird, dafür, dass ich keine Probleme gehabt habe, für diesen wunderschönen Tag, für diesen Menschen, den ich liebe ...

Darunter reiht die Autorin auf jeder Seite 18 Punkte oder Markierungen in einer Zeile aneinander. Ganz links setzt Sie das Wort "Schmerz", auf die rechte Seite das Wort "Potenzial". Gemäß Susan Jeffers Philosophie verkörpert "Schmerz" die negativen Gedanken, die Blockaden, selbstzerstörerische Glaubensüberzeugungen. "Potenzial" hingegen ist die Fähigkeit, die wir erlangt haben, unser Leben und unser Schicksal zu meistern - die mentale Energie im Positiven, die uns die Kraft verleiht, weiterzumachen, unsere emotionalen Beziehungen und alle anderen wichtigen Aspekte unseres Seins fortzuführen, zu pflegen und zu bereichern.

Es funktioniert also folgendermaßen: Am ersten Tag stehen Sie ganz links, auf dem Startpunkt. Diesen markieren Sie mit einem Kreuz. Im gleichen Maße, wie Sie das Gefühl haben, in Ihrem Gefühlsleben voranzukommen und sich vom "Schmerzpunkt" zu entfernen und mehr "Potenzial" zu erlangen, können Sie in Ihrer Beurteilung auf der Punkteskala weiter nach rechts rücken. Der Zeitpunkt und die Gründe für dieses Weiterrücken unterliegen Ihrer persönlichen Selbsteinschätzung – ganz ohne Druck und ohne Selbsttäuschung.

Anmerkung: Sie werden im Handel kein für diese Notizen geeignetes Notizbuch finden, doch Sie können sich selbst eine Tabelle erstellen und davon dann so viele Kopien drucken oder fotokopieren lassen, wie Sie benötigen. Auf der folgenden Seite finden Sie ein von Susan Jeffers persönlich entworfenes Muster aus ihrem Buch "Selbstvertrauen gewinnen: Die Angst vor der Angst verlieren".

Affirmation für den 1. Tag

Ich bin stark und fähig zu lieben, und ich habe nichts zu befürchten ...

Ich engagiere mich in jedem Bereich meines Lebens zu 100 Prozent. Ich weiß, dass ich wichtig bin, und ich agiere dementsprechend.

Ich habe ein erfülltes Leben.

Spirituelles Wachstum
. . . .
Liebe
. . . .
Familie
. . . .
Freunde
. . . .
Persönliches Wachstum
. . . .
Freizeit
. . . .
Beitrag zur Gemeinschaft
. . . .
Arbeit
. . . .
Sonstiges
. . . .
Risiko des Tages
. . . .
Heute muss ich dankbar sein für
. . . .

Wo befinde ich mich auf der Skala zwischen Schmerz und Potenzial?

• • • • • • • • • • • • • • • • • • • •
Schmerz   Potenzial

Auch auf die Gefahr hin, einige Leser zu enttäuschen – dieses Buch bietet keine Wunderrezepte, die bewirken, dass jemand uns gegen seinen Willen liebt. Würde dieser Zaubertrank existieren, so würde seine Kraft falsch wirken, da er uns als Mensch nicht liebenswerter machen und der andere uns nur scheinbar lieben würde – gegen seinen eigentlichen Willen und ohne authentische Liebe. Zum Glück gibt es weder Zaubersprüche noch Hexerei, die die Natur unserer Gefühle verdrehen könnten.

Wenn Sie möchten, dass sich jemand von Ihnen angezogen fühlt und Sie so liebt, wie Sie sind, so geht es gar nicht anders – Sie werden attraktiv. Dies hat nicht unbedingt etwas mit Ihrer körperlichen Erscheinung zu tun – auch wenn Sie darauf achten sollten, insbesondere, wenn Sie auf der Suche nach der Liebe sind – sondern mit Ihrer Persönlichkeit, Ihren Eigenschaften und Gefühlen, die Sie entwickelt haben und immer weiter bereichern. Wenn Sie dies zeigen und dabei Ihre Liebe entsprechend zum Ausdruck bringen, wird es der oder die Betreffende zu schätzen wissen. Ist dies nicht der Fall, so sollten Sie keine Zeit mehr verlieren – Sie sind hinter der falschen Person her!

Nur wer sich selbst auf gesunde Weise liebt, wer seinen Geist und seine Seele pflegt und seine psychische und physische Gesundheit ordnungsgemäß pflegt, ist imstande, zu lieben und geliebt zu werden, nämlich mit der tiefen, intensiven Liebe, die das perfekteste Gefühl ist, das wir im Leben überhaupt erstreben können.

> *Ihr könnt nichts erreichen, wenn ihr nicht*
> *zuerst die Beziehung zu euch selbst pflegt.*
> **Roma Bettoni**

Dr. Bettoni besitzt einen großen Erfahrungsschatz, was den Einsatz von positiven Energien und emotionaler Intelligenz im Umgang mit unseren negativen Aspekten angeht. In einem ihrer Bücher zu diesem Thema macht sie die Bedeutung der Selbstwertschätzung in Bezug auf zwischenmenschliche und emotionale Beziehungen mit folgenden Worten deutlich:

> *Die Liebe an sich bedeutet ein Handeln mit Verantwortung und Integrität: Es bedeutet, sich um seinen Körper, seinen Geist und seine Seele, um die eigenen Emotionen und Gefühle zu kümmern. Sich selbst zu lieben bedeutet, kongruent zu sein im Denken, Handeln und Reden. Es bedeutet, lieber zu versuchen*

zu sein als zu haben. Am persönlichen Wachstum zu arbeiten, ohne Gefühlsgrenzen zu unterliegen. Zu leben und anderen und sich selbst zu verzeihen. Keine Ängste und keine Schuld zu empfinden – voll und ganz zu leben.

Wir alle können diesem Bild der Fülle zustimmen, das die Autorin skizziert, aber dennoch können wir spüren, dass man es nicht umsetzen kann. Wir kennen unsere Schwächen, unsere Beschränkungen und Mängel, und wir glauben, diese niemals überwinden zu können. Wie sollen wir nur für unser unperfektes Wesen Liebe empfinden können? Sind wir trotz dieser negativen Aspekte imstande, Selbstwertgefühl zu entwickeln? Roma Bettoni bietet uns die Antwort:

Sich selbst zu lieben bedeutet, sich selbst zu akzeptieren, jedoch ohne Notwendigkeit, sich selbst zu beweisen. Ein Mensch kann sich so akzeptieren, wie er ist, immer unter dem Vorbehalt, dass er kritisch ist und Möglichkeiten sucht, das zu korrigieren, was ihm an seinem innersten Wesen missfällt oder was er nicht für gut befindet. Ich glaube, dass jemand, der emotional gesund ist, versucht, zu korrigieren, was möglich ist und akzeptiert, was er nicht ändern kann. Doch wir möchten dies in einem Punkt präzisieren: Das, was man bedingungslos akzeptieren muss, ist das, was man nicht willentlich verändern kann – die Stellung in der Familie, den Geburtsort, die Körpergröße, die Hautfarbe, usw. – bei allem anderen muss man die Verantwortung übernehmen, es wachsen zu lassen und zu verändern.

Jeder Einzelne von uns hat die Verpflichtung, zuerst zu akzeptieren und dann zu verändern, beispielsweise mehr Spiritualität anzustreben, kulturell zu wachsen, die Emotionen mit negativen oder gewalttätigen Folgen unter Kontrolle zu halten, zu verzeihen, um ohne Groll zu leben, genügend materiellen Wohlstand zu bekommen. Sich selbst zu analysieren und zu kritisieren, falls es nötig sein sollte, jedoch nicht, um den Fehler in Resignation anzunehmen, sondern um die Dinge für sich und sein Umfeld zum Besseren zu verändern, zu verwandeln.

Welche sind nun konkret die Werkzeuge, um diese Veränderung zu erreichen? Nach Dr. Bettonis Vorstellung müssen wir zunächst analysieren, ob es uns an Liebe zu uns selbst fehlt, und zwar aufgrund folgender Indikatoren:

- ernährungsbedingte Störungen: Verstopfung, Appetitlosigkeit und Bulimie.
- Beziehungsprobleme: Schwierigkeiten, sich zu binden, intim zu werden oder miteinander zu verkehren.
- körperliche Störungen: chronische Krankheiten.
- Drogen-, Alkohol- und Tabakmissbrauch.
- Arbeitssucht, Arbeitswut und körperliche Exzesse.
- Kaufzwang, Spielsucht, exzessives Sexual- oder Liebesleben.
- Abhängigkeit von anderen Menschen: vom Partner, von der Familie, von Freunden …

Stellen Sie bei sich selbst einen oder mehrere dieser Aspekte fest, so ist es gut möglich, dass Sie diese bekämpfen sollten, um liebesfähig zu werden, und vor allem, um geliebt zu werden. Es geht also darum, sich für die Zukunft Ziele zu setzen, und dabei den eigenen Willen und die eigenen mentalen Energien einzusetzen.

Roma Bettoni ist der Meinung, dass Ihre persönlichen Ziele, um effektiv zu sein, folgende Eigenschaften aufweisen müssen:

- *Einfach:* Man kann komplexere Aufgaben in andere, kleinere und einfachere aufteilen. Beispielsweise könnte man das Ziel "die Liebe meines Lebens finden" ersetzen durch "häufiger ausgehen, um mehr Menschen kennen zu lernen".
- *Spezifisch:* Das allgemeine Ziel "Ich werde herzlicher sein" kann konkretisiert werden: "Ich werde meine Freunde einmal im Monat zu mir nach Hause einladen".
- *Mit einer konkreten Aktion beginnen:* Anstelle zu sagen: "Ich nehme mehr Einladungen an" sollten Sie sagen: "Wenn ich nächsten Samstag zum Tanzen eingeladen werde, werde ich dies begeistert annehmen."
- *Unsere Wertvorstellungen, Prioritäten und Wünsche neu überdenken.*
- *Diese positiv und mit Nachdruck formulieren.*

Ein Grundbaustein unseres Gefühlslebens ist das, was wir unter "romantischer" oder "tiefer" Liebe verstehen. Dies muss nicht unbedingt heißen, dass sie platonisch ist, sondern intensiv und erfüllt. Es ist jene Anziehungskraft, die wir für eine bestimmte Person empfinden, die uns veranlasst, diese als Partner zu wählen, mit dem Wunsch, dass sich daraus eine dauerhafte Beziehung entwickeln und die Möglichkeit eröffnen möge, eine Familie zu gründen. Im Hinblick auf diese Art von Liebe kann jeder von uns, auch Sie selbst, sich in einer der folgenden Situationen wiederfinden:

1. Sie leben eine glückliche Partnerschaft und hoffen, dass diese das ganze Leben lang anhalten wird.
2. Sie befinden sich in einer frischen Beziehung, die Sie festigen möchten.
3. Sie haben eine Beziehung beendet und suchen eine neue Person, die Sie lieben können, und die Sie liebt.
4. Sie befinden sich in einer unbefriedigenden Beziehung und wünschen einen Wechsel.
5. Sie haben noch nicht den richtigen Menschen gefunden, dem Sie Ihre Liebe entgegenbringen möchten.

Um es kurz und bündig auszudrücken: Wir können sagen, dass Situation Nr. 1 sich gesund aufrechterhalten lässt. Nr. 2 und 3 sind positive Lebenseinstellungen mit unterschiedlichem Schwierigkeitsgrad. Nr. 4 und 5 setzen Ihrerseits großen Einsatz und ein gewisses Quäntchen "Zufall" voraus. Es geht also darum, eine partnerschaftliche Beziehung aufrechtzuerhalten, zu verbessern oder zu finden, die Ihnen emotionalen Frieden und Glück schenken kann, so, wie Sie es sich wünschen.

Wenn Sie glauben, dass Sie sich als Mensch gebessert haben und sich auch weiter entwickeln, ist die Stunde gekommen, da Sie Ihre Ziele hinsichtlich romantischer oder partnerschaftlicher Liebe erreichen können. Sie müssen auf dieses Ziel ebenso hinarbeiten, ob Sie mit Ihrer Liebe zufrieden sind oder auch nicht, und auch wenn Sie Ihre große Liebe noch nicht gefunden haben. Ihre Werkzeuge sind sämtliche Ratschläge, die wir bis zu dieser Stelle in diesem Buch gesammelt haben, vorausgesetzt, Sie setzen Ihre Emotionen mit Verstand ein, um Ihre Verhaltensmuster und Glaubensüberzeugungen zu ändern. Vergessen Sie jedoch nicht, intensiv und regelmäßig zu visualisieren, wie diese Ziele in Erfüllung gehen.

SIE KÖNNEN SELBST ERFOLGREICH DARAN ARBEITEN, DIE GROSSE LIEBE IN IHREM LEBEN ZU ERLANGEN UND ZU FESTIGEN.

Erreichen Sie Ihre beruflichen und privaten Ziele

Die meisten von uns verbringen nahezu den ganzen Tag damit, zu arbeiten, zu lernen oder mit beidem. Es ist logisch, dass ein solcher Zeit- und Arbeitseinsatz einen Ausgleich erfordert, der sich in Zielen ausdrückt, die wir uns setzen. Unser Endziel ist ein beruflicher oder privater Erfolg, mit dem wir Anerkennung und Bewunderung ernten müssen, um perfekt zu sein. Niemand kann Frieden und Glück finden, wenn diese wichtige Facette seines Lebens in Mittelmäßigkeit oder Frustration stecken bleibt.

Egal, ob Sie Student sind, Lehrer, Unternehmer, Künstler, Manager, ob Sie selbstständig sind oder einer anderen Beschäftigung nachgehen – Ihre Erfolgsziele werden ähnlich sein. Wenn Sie das Glück haben, von einer Pension zu leben oder bereits in Rente sind, haben Sie eine Berufung oder Leidenschaft, in der Sie sich hervortun möchten. Etwas gut zu machen und dafür Anerkennung zu ernten ist ein positives Ziel, das für ein erfülltes Leben unverzichtbar ist. Dies bezeichnen die Psychologen treffend als "Selbstverwirklichung" – d.h., man kann ein reiches, erfülltes Leben genießen.

DER ERFOLG UNSERES HANDELNS IST EIN WICHTIGER FAKTOR FÜR EIN ERFÜLLTES, GLÜCKLICHES LEBEN.

Es gibt eine Form der Visualisierung, die Ihnen grundlegende Hilfe dabei bieten kann, berufliche und private Ziele zu verwirklichen. Es geht dabei darum, dass Sie an Ihrer Vorstellungskraft und Kreativität arbeiten, neue Blickwinkel finden, um Ihre Arbeit zu betrachten und originelle Lösungen für die Probleme entwickeln, die sich Ihnen stellen. Dies nennt man "kreative Visualisierung". Durch sie setzt man die außergewöhnlichsten Mentalenergien frei, die man sich nur vorstellen kann, und macht sie sich zu Diensten. Diese Art der Visualisierung ermöglicht es einem Kaufmann, einen absolut originellen Laden einzurichten, einem Publizisten, eine wirkungsvolle Kampagne zu starten, einem Manager, unerwartete, effektive Lösungen vorzustellen, oder einem Künstler, den extravaganten Stil zu finden, der ihm internationalen Ruhm einbringt.

Der bewusste, korrekte Einsatz kreativer Visualisierung ist der Schlüssel, der Ihnen die Tore zum Erfolg öffnen wird.
　　　　　　　　　　　　　　　　　　　　Remez Sasson

Remez Sasson, Spezialist für Positives Denken und mentale Energien, hat bewusst mit der kreativen Visualisierung gearbeitet. In seinen Büchern, Kursen und Vorträgen hebt er diese Art der Visualisierung klar als Schlüssel zum Erfolg in jeder Kategorie von Aufgaben und Aktivitäten hervor:

> *Die kreative Visualisierung, d.h. das bewusste Wünschen und die Visualisierung eines Zieles, kann Ihr Leben verändern und Sie aus dem Teufelskreis herausholen, der lediglich vom Glück oder Zufall abhängt. Wenn Sie das erfolgreiche Endergebnis einer Idee oder einer Handlung visualisieren und Ihre mentale Energie darauf konzentrieren, wird diese Idee sich zu Ihren Gunsten konkretisieren – und es handelt sich dabei nicht um Magie. Die kreative Visualisierung ist eine Naturgabe, eine Naturgewalt, und der große Schlüssel zum Erfolg.*
>
> *Wir alle können diese Kraft in gewissem Maße nutzen, und wir nutzen sie auch, doch auf unbewusste und negative Art. Viele Menschen halten ihre Gedanken nicht unter Kontrolle und neigen die meiste Zeit dazu, negativ zu denken. Folglich erzielen sie negative Resultate bei dem, was sie sich für ihr Leben vorgenommen haben. Nur wenn man sich dieser mächtigen Mentalkraft bewusst ist, sie analysiert und lernt, sie effektiv zu benutzen, werden sich nach und nach positive Ergebnisse einstellen.*

Ebenso, wie Sasson versichert, dass die kreative Visualisierung es ermöglicht, die höchsten Ziele zu erreichen, empfiehlt er auch, sie in unserem Alltagsleben einzusetzen:

> *Ich habe herausgefunden, dass die kreative Visualisierung uns bei unserer Alltagsarbeit helfen kann. Sie bewirkt, dass alles mit Leichtigkeit und weniger Energieverbrauch fließt. Die beständige kreative Visualisierung bewirkt die Weiterentwicklung der Ereignisse des Tages. Manchmal gefällt uns das, was wir erschaffen, manchmal nicht. Eine größtmögliche, bewusste Aufmerksamkeit gegenüber unseren Gedanken und Bildern kann einen bemerkenswerten Unterschied machen.*

Wenn für Sasson die kreative Visualisierung ein Faktor ist, den wir tagtäglich einsetzen – bewusst oder unbewusst – besteht der Unterschied, den er anspricht, darin, sie nicht dem Zufall zu überlassen, sondern sie zu erkennen und unter Kontrolle zu bekommen, und zwar sowohl für alltägliche Pflichten als auch, um den Erfolg und die Anerkennung zu ernten, die wir anstreben:

Wohlstand, Erfolg, Geld, Karriere und Besitz – sie alle sind mit Hilfe der kreativen Visualisierung möglich. Das heißt nicht, dass diese sich von heute auf morgen einstellen. Es bedarf einer mentalen Anstrengung, einer Änderung unserer Einstellung zum Leben. Es erfordert zudem einen offenen Geist, Konzentration und geistige Wendigkeit beim Visualisieren sowie eine große Portion Begeisterung und Ausdauer.

MIT HILFE DER KREATIVEN VISUALISIERUNG KÖNNEN SIE IHRE HÖCHSTEN PERSÖNLICHEN ZIELE WIRKLICHKEIT WERDEN LASSEN.

Die amerikanische Therapeutin Alison Greiner glaubt, dass man für eine kreative mentale Aufgabe die rechte Gehirnhälfte einsetzen muss, jedoch in Kombination mit den anderen beiden Gehirnzonen, jede entsprechend ihrer Funktion, und unter Einspeisung der entsprechenden Bilder in den unterbewussten Teil unseres Verstandes:

Die Sprache der rechten Gehirnhälfte und des Unterbewusstseins ist die Bilderwelt. Indem Sie sich Ihre Ziele bildlich vorstellen und visualisieren, steuern Sie direkt auf Ihre verborgenen Energien zu. Der Idealzustand der Visualisierung besteht in der Erzeugung einer effektiven Synergie zwischen der Fähigkeit, mit der Fantasie der rechten Gehirnhälfte in Kombination mit der emotionalen Energie des Gehirnzentrums und der rationalen, praktischen Sichtweise der linken Gehirnhälfte zu spielen.

Das Gehirn kennt keinen Unterschied zwischen Realität und Fantasie. Wie Sie sich in Ihrer Vorstellung sehen, so werden Sie in Zukunft sein. Wenn Sie etwas definitiv und bewusst visualisieren, macht sich Ihr Gehirn ohne Pause daran, das zu erfüllen, was Sie visualisiert haben."

> *Zur idealen Visualisierung werden alle unsere*
> *drei unterschiedlichen Gehirnzonen eingesetzt.*
> **Alison Greiner**

Greiner betont, dass berühmte Sportler, wie Michael Jordan oder Jack Nicklaus, die kreative Visualisierung eingesetzt haben, um ihre Bestleistungen und Erfolge zu steigern. Das Gleiche gilt für Wissenschaftler, die ihrer Zeit voraus waren, wie Albert Einstein, oder visionäre Strategen, wie Napoleon Bonaparte. Doch Greiner macht deutlich, dass jeder von uns dazu imstande ist, seine größten Ambitionen zu verwirklichen, wenn er die Visualisierung korrekt einsetzt und all seinen Glauben und seine Überzeugung, die er hat, hierzu aufbringt.

Ebenso, wie es gut ist, bei der Visualisierung die drei Gehirnzonen einzusetzen, empfiehlt Alison Greiner auch, mit verschiedenen Formen der Visualisierung zu arbeiten. Konkret schlägt sie hierfür die sechs Techniken vor, die von ihrem Meister, Dr. Lee Pulos, entwickelt wurden, einem der anerkanntesten Experten, was den Einsatz der positiven mentalen Energien betrifft:

Sechs Techniken zur kreativen Visualisierung nach Dr. Lee Pulos

1. Bilder-Collage
Visualisieren Sie eine Collage aus verschiedenen Bildern, die Sie zeigen, wie Sie gerade im Begriff sind, Ihr Ziel zu erreichen. Ist Ihr Ziel beispielsweise, einen akademischen Grad an einer Universität zu erreichen, so stellen Sie sich dabei vor, wie Sie gerade Ihren Titel verliehen bekommen, wie Sie gerade vom Prüfungskomitee Ihr Diplom überreicht bekommen, wie die Professoren Ihnen die Hand schütteln … Schlagen Sie das Diplom auf und visualisieren Sie Ihren Namen und Ihren Titel. Sie müssen jedes Bild einige Sekunden lang aufrechterhalten und dann zum nächsten übergehen, und dies alles insgesamt eine halbe Minute lang.

2. Scheinvisualisierung
Stellen Sie sich Ihr Endziel vor und lassen Sie es mental erscheinen und wieder verschwinden. Visualisieren Sie es langsam und dann schneller. Wechseln Sie die Geschwindigkeit, bis das Bild sich in Ihrem Geist richtig festgesetzt hat.

3. Visualisierung "Marke Computer"
Stellen Sie sich einen weißen Bildschirm mit einem kleinen Punkt in der Mitte vor. Richten Sie Ihren mentalen Cursor auf diesen Punkt und lassen Sie Tausende von Farbpunkten explodieren, die dann ein Bild von Ihrem Ziel formen, so, als hätten Sie es bereits erreicht.

4. "Multifokale" Visualisierung
Visualisieren Sie einen starken Lichtstrahl, der von Ihrer Stirn aus einige Meter weit reicht und Ihr Ziel anstrahlt. Weitere Strahlen entspringen Ihrem Herzen und Ihrem Solarplexus und formen die entsprechenden Bilder. Manipulieren Sie die Strahlen mental so, dass sie sich überlagern, und vor Ihren Augen ein dreidimensionales Hologramm Ihres Zieles entsteht.

5. Blitzvisualisierung
Stellen Sie sich den aktuellen Stand Ihres Zieles vor und visualisieren Sie dann einen Blitz, der das bereits erreichte Ziel erscheinen lässt. Dieses Bild strahlt, und Sie fühlen sich voller Vitalität und Enthusiasmus. Um wieder auf den Universitätstitel zurückzukommen: Als erstes Bild können Sie sich sich bei einer schwierigen Prüfung vorstellen – und plötzlich einen Blitz, der Sie zeigt, wie Sie Ihr Diplom erhalten.

6. Visualisierung "innen-außen"
Stellen Sie sich vor, wie Sie selbst dasitzen und Ihr Ziel betrachten. Visualisieren Sie, dass Sie aus Ihrem Körper schlüpfen und von außen beobachten, wie Sie Ihr Ziel erreichen. Schlüpfen Sie abwechselnd zurück in Ihren Körper und wieder heraus und wechseln Sie von der Rolle des Hauptakteurs in die Rolle des einfachen Zuschauers. Führen Sie diese Übung mehrmals durch, damit Ihr unterbewusster Verstand verschiedene mögliche Perspektiven einnimmt.

> *Alles, was Sie sein, tun oder haben möchten,*
> *können Sie mit Hilfe der kreativen Visualisierung erreichen.*
> Lee Pulos

Vielleicht glauben Sie, dass die kreative Visualisierung nichts für Sie ist, dass Sie nicht imstande sind, in eine Welt der Vorstellung und der Fantasie einzudringen,

wenn Sie von so vielen konkreten Aufgaben erdrückt werden und so viele realen Probleme zu lösen haben. Es ist sogar möglich, dass Sie die kreative Visualisierung als kontraproduktiv betrachten: Eine nutzlose Ablenkung, eine Spielerei, die ein Erwachsener, der bei Verstand ist, nicht mitmachen sollte. Doch es kommt vor, dass Sie eben gerade in der Fantasiewelt der kreativen Visualisierung neuartige, effektive Vorschläge für die Aufgaben finden, die Sie heute überwältigen, ebenso wie überraschende Lösungen für Probleme, die Sie lösen sollen.

Fantasieblockaden

Einmal verlas ich in einer meiner Radiosendungen die sechs Techniken der Visualisierung, die von Dr. Pulos entwickelt wurden. Umgehend rief mich ein erzürnter Zuhörer an, der sich als Direktor eines Industrieunternehmens vorstellte. Seine Worte lauteten mehr oder weniger wie folgt: "Ich höre mir ab und zu Ihre Sendung an und finde sie interessant. Sie hat mir zu einer verbesserten Atmung und mehr Entspannung in stressigen Phasen verholfen. Aber – bitte! Empfehlen Sie nicht mehr solchen Unsinn wie den von Dr. Pulos! Ich bin ein erwachsener Mann, der mit beiden Beinen im Leben steht, und kann mir nicht vorstellen, aus der Stirn Lichtstrahlen abzuschicken oder mich aus meinem Körper zu stehlen." Ich bin mir sicher, dass dieser Herr seinen Widerstand gegen die Fantasie zum Ausdruck brachte, die bei einem gewissen Typus von sehr renommierten Personen weit verbreitet ist, die jedoch sehr blockiert sind, wenn es darum geht, sich Veränderungen für ihr Leben vorzustellen.

**SIE DÜRFEN NICHT ZULASSEN, DASS VORURTEILE
IHRE FÄHIGKEIT ZU VISUALISIEREN BLOCKIEREN.**

Der Widerstand, die Visualisierung einzusetzen oder zu komplexeren Visualisierungsübungen überzugehen, entspricht der Ignoranz der wahren Möglichkeiten unseres Geistes. Es ist üblich, dass wir ihm je nach Fall nur eine gewisse intellektuelle und rationale Kompetenz größeren oder kleineren Umfangs zuweisen und uns mit dieser für unseren Weg durchs Leben zufrieden geben. Doch wir haben festgestellt, dass unser Geist, konkret gesprochen: unser Gehirn, eine Zone besitzt, die für die Vorstellungskraft, die Fantasie, die Kreativität und den Erfindergeist zuständig ist, die wir im Allgemeinen nur wenig nutzen. Damit entgeht uns eine große Menge an schlummernden Energien, die wir mit der kreativen Visualisierung wecken können.

Ursula Markham kennt diese Thematik nur zu gut. Sie ist eine der Expertinnen, die an der Erforschung und dem Einsatz der Visualisierungen zur Entfaltung der kreativen Aspekte, die uns zu einer authentischen persönlichen Selbstverwirklichung führen, am meisten gearbeitet hat. Im Folgenden zitieren wir mit ihrem Einverständnis ihre Ansicht:

> *Die meisten Menschen besitzen ein viel größeres Potenzial, als sie jemals entwickeln werden. Vielleicht, weil sie an ihren eigenen Fähigkeiten zweifeln, weil sie der Meinung sind, "Erfolg ist etwas für andere", oder weil es ihnen am Selbstvertrauen fehlt, den ersten Schritt zu wagen. Doch nur die Visualisierungen können helfen. Führt man sie durch, so kann man seine Lernfähigkeit steigern, eigene Kreativität entwickeln, eine positivere Einstellung gewinnen und konkrete Situationen besser meistern, sei es eine Prüfung oder, um im Sport zu glänzen.*

Markham kennt Blockaden verschiedenster Art, die zu Schwierigkeiten dabei führen können, Zugang zur kreativen Visualisierung zu erhalten. Um diese zu überwinden, schlägt sie eine Imaginationsübung vor, die diesen "ersten Schritt" darstellen kann, den wir nicht zu tun wagen. Ein erster Schritt, der uns zu weiteren führen wird, bis wir die Visualisierungstechniken im Geiste beherrschen:

> *Wenn Sie Ihre kreative Entwicklung fördern möchten, erhalten Sie hiermit eine Visualisierung, die Sie dabei unterstützen wird. Sie basiert auf einer Form der Meditation, die für jedermann leicht zugänglich ist und eingesetzt*

werden sollte, wenn Sie Inspiration suchen, sei es, um zu zeichnen, zu malen, zu schreiben oder irgendein anderes kreatives Talent umzusetzen. Sie wird Sie nicht unbedingt gleich in ein Genie verwandeln und kann auch nicht fehlendes Grundwissen in der entsprechenden Technik ersetzen. Doch ich kann Ihnen versichern, dass Sie mit Ihrer Tätigkeit die größte Freude haben und viel bessere Ergebnisse erzielen werden als vorher.

Visualisierung "Ein Streifzug durch den Garten" (Ursula Markham)

Ich fühle mich ruhig und entspannt. Ich bin glücklich, denn ich weiß, dass ich an der Steigerung meiner kreativen Kräfte arbeite – und zwar in der Form, wie ich es wünsche. Indem ich diese Visualisierung durchführe, werde ich in Kombination mit den begleitenden Affirmationen mehr Inspiration beim Malen (Bildhauen, Schreiben, Denken etc.) erhalten. Ich stoße damit einen Prozess an, der mir Freude und Zufriedenheit für mein kreatives Leben bereiten wird.

Mit Hilfe meiner Vorstellungskräfte sehe ich mich nun selbst in einem Zimmer. Mir gegenüber befindet sich eine Türe, die nach draußen führt, wie ich weiß. Ich schaue zur Türe und betrachte sie eingehend – die Art des Türknaufs, das Schloss, die Beschläge. Jetzt lege ich meine Hand auf den Türgriff. Ich öffne die Türe und trete nach draußen.

Ich befinde mich auf einem Weg, der sich durch einen Garten schlängelt, bis zu einem Gartentor. Ich weiß, dass es sich dort befindet, auch wenn es außerhalb meines Blickfeldes liegt. Ich mache mich auf, diesen Weg zu gehen, ganz ohne Eile. Ich halte inne, um nach rechts und nach links zu blicken, und sauge dabei die Landschaft, die mein Geist erzeugt, in mich auf.

Endlich erblicke ich das Tor und gehe ruhigen Schrittes darauf zu. Ich genieße den Spaziergang und die Vorfreude auf mein Ziel. Auf dem Weg zum Gartentor halte ich inne, um zu betrachten, wie es gefertigt ist, aus welchem Material es besteht, wie es geöffnet wird, und ob es in eine Mauer, ein Gitter oder einen Zaun eingelassen ist. Als ich am Tor ankomme, werde ich aufgeregt. Ich weiß, dass ich bald etwas über die kreative Richtung erfahren werde, die ich in Zukunft einschlagen werde. Ich lege eine Hand an das Tor, betaste es, um seine Beschaffenheit wahrzunehmen. Nun öffne ich es, trete hindurch und schließe es hinter mir.

[Lassen Sie an dieser Stelle Ihrer Vorstellungskraft freien Lauf. Lassen Sie sich dorthin führen, wohin Sie von ihr gelenkt werden. Versuchen Sie nicht, sie in irgendeiner Weise zu beeinflussen. Beschränken Sie sich darauf, die Bilder zu visualisieren, die sich vor Ihnen eröffnen werden.]

Ich genieße diesen Spaziergang, die Landschaft und die Geräusche um mich herum. Ich weiß, dass ich diese Reise zu jenen besonderen Orten, die meine Vorstellungskraft erzeugt hat, jederzeit wiederholen kann, so oft ich möchte. Sobald ich wieder in die Realität zurückkehren möchte, hole ich einfach zwei- oder dreimal tief Luft und öffne wieder die Augen.

Vorschläge für Affirmationen:

* Meine Vorstellungskraft kennt keine Grenzen.
* Ich kann zu dem kreativen Menschen werden, der ich immer sein wollte.
* Meine rechte Gehirnhälfte entwickelt sich jeden Tag mehr und mehr.

In Momenten der Krise ist allein die Kreativität wichtiger als das Wissen.
Albert Einstein

Schaffen Sie sich dauerhaften finanziellen Wohlstand

Spiritualität und Materie sind zwei Elemente, die sich ergänzen, um ein erfülltes, glückliches Dasein zu führen. Es ist falsch zu glauben, dass es einen Zustand des mentalen und existenziellen Wohlstandes gibt, in dem man die materiellen Aspekte des Lebens verschmäht. Geldmangel und finanzielle Unsicherheit sind die Todfeinde der psychischen und körperlichen Fülle, die zu erreichen wir imstande sind. Es sind Situationen, die Angst und Furcht, Depression und negative Befürchtungen mit sich bringen und jeden Versuch einer Wendung zum Besseren, die unsere Persönlichkeit verwandeln und perfektionieren könnte, im Keim ersticken.

Die gutgemeinte Anekdote des glücklichen Menschen, der nicht einmal ein Hemd zum Anziehen besaß, könnte für einige Epochen und Orte passend sein. Doch sie entspricht nicht der Lebensweise unserer heutigen Gesellschaften des Westens, in welchen die Materie die Möglichkeit einer positiven Entwicklung bedingt. Folglich ist es notwendig und legitim, dass wir danach streben, wirtschaftlichen Wohlstand zu erlangen, der uns von den Barrieren befreit, die unsere Perfektionierung in Bezug auf andere Aspekte des Lebens behindern – und vor allem, dass dieser Wohlstand gesichert und von Dauer sei.

Die Visualisierungen können uns eine große Hilfe bieten, um uns von finanziellen Beschränkungen zu befreien, doch sie können keine Garantie dafür sein, dass Sie ein Traumvermögen oder eine unschätzbare Erbschaft machen werden. Übertriebenes Streben nach materiellen Gütern kann ebenso negativ sein wie die größte Not, was die Bewahrung des psychischen Gleichgewichts und des spirituellen Friedens anbelangt, die wir erstreben. Dennoch gelingt es mit Hilfe der Visualisierungen, kombiniert mit eigener Intelligenz und Willenskraft, sich eine beträchtliche Fülle zu schaffen.

> *Wenn es Ihr innigster Wunsch ist, erfolgreich zu sein, müssen Sie sich vorstellen, wie Sie diesen Erfolg gerade erreichen.*   Deirdre Jones

Die nordamerikanische Expertin Deirde Jones versichert, dass am Anfang des Reichtums jeder berühmten, vermögenden Persönlichkeit ein Traum oder eine Vision stand. Sie erklärt, dass viele Unternehmer, die Triumphe gefeiert haben, zugeben, dass sie die kreative Visualisierung eingesetzt haben, und dass diese im Hinblick auf ihren persönlichen und materiellen Reichtum eine entscheidende Rolle gespielt hat. Für den Fall, dass Sie mit ihnen in Wettbewerb treten möchten, bietet Ihnen Jones einige Ratschläge:

> *Sie müssen sich selbst geistig in der Rolle des Triumphators visualisieren, der Sie sein möchten. Spielen Sie mit diesem mentalen Bild bei jeder Gelegenheit, die sich Ihnen bietet, aktiv. Stellen Sie sich vor, dass sich Ihre Einkünfte und Gewinne auf den Stand hin steigern, den Sie gern erreichen möchten. Visualisieren Sie, dass Ihr Unternehmen in Hochblüte steht und Ihr Vermögen wächst, und stellen Sie sich die positiven Veränderungen vor, die dieser Erfolg in Ihr Leben bringen wird.*
>
> *Ihre Visualisierung des Erfolgs muss klar sein. Sie müssen eine ganz deutliche Vision von dem haben, was Sie erreichen möchten. Doch halten Sie sich klar vor Augen, dass es nicht ausreicht, wenn Sie nur Ihren Erfolg visualisieren. Sie müssen überzeugt davon sein, dass sich Ihre Ziele und Zielsetzungen auch in Ihrer Reichweite befinden. Dies ist ein Schlüsselkonzept. Es gibt in dieser Angelegenheit keinen Raum für lähmende Zweifel. Trotz allem: Wenn Sie selbst nicht an sich glauben – wer denn?*

Glaube und Selbstvertrauen sowie die absolute Gewissheit, dass Sie Ihre Ziele erreichen können, sind Elemente, die zu jeder Visualisierung gehören. Wenn es um ein Ziel im Bereich Erfolg oder Vermögen geht, gewinnen diese jedoch an ganz entscheidender Bedeutung. Hierbei handelt es sich um Themen, bei welchen die entgegengesetzten Kräfte der Realität sehr heftig wirken können und das Unglück eine wichtige Rolle spielen kann. Wie es Deirde Jones ausdrückt: Die Visualisierungen und Affirmationen müssen mit einem festen, absoluten Wissen darüber einhergehen, dass Sie die Fähigkeit besitzen, erfolgreich zu sein, sowie mit der beständigen Visualisierung Ihrer eigenen Person, wie Sie dieses Ziel gerade erreichen:

> *Wenn Sie möchten, dass Ihr Geschäft floriert, und auch die Zeit zur Verfügung haben wollen, Ihren Wohlstand zu genießen, müssen Sie sich selbst in eben dieser Situation sehen. Wenn Sie viel Geld zur Verfügung haben*

möchten, müssen Sie sich geistig vorstellen, wie Sie zur Bank gehen und das hohe positive Saldo Ihres Girokontos überprüfen. Und dieser Visualisierungsprozess muss kontinuierlich ablaufen.

Eine große Hilfe kann es sein, wenn Sie Ihre Ziele mit lauter Stimme wiederholen. Sagen Sie sich dies selbst lange genug vor, so werden Sie beginnen, daran zu glauben, dass dies so sein kann. Auf diese Weise werden Sie auch Ihr Vertrauen stärken, dass Sie Ihre Ziele erreichen werden, und diese in Ihrem Bewusstsein immer wieder neu auffrischen.

SELBSTVERTRAUEN IST DER SCHLÜSSEL ZU EINER EFFEKTIVEN VISUALISIERUNG ÜBER REICHTUM.

Wir dürfen nicht vergessen, dass Reichtum an sich, die materielle Fülle, nicht ausreicht, um uns in erfüllte, glückliche Personen zu verwandeln. Wohlstand setzt ein wirtschaftliches Wachstum voraus, jedoch auch Reichtum in Bezug auf Aspekte wie Gesundheit, Freundschaft, Liebe, Kreativität und persönliche Unabhängigkeit. Wir müssen beispielsweise dafür sorgen, dass wir gesund bleiben und ausreichend Energie bewahren, um die Fülle zu genießen, sie zu verwalten und vermehren zu können. Die Liebe und die Freundschaft bereiten uns das Vergnügen, zu den Menschen, die wir mögen, großzügig zu sein. Die Unabhängigkeit ermöglicht es uns, unsere wirtschaftlichen Erträge ganz nach unserem Belieben zu genießen, ohne Einschränkungen oder Einmischungen von außen. Wir könnten sagen, dass materieller Wohlstand das Ziel ist, das die anderen Ziele, die wir bisher behandelt haben, ergänzt und optimiert. Es ist nichts Schlimmes dabei, dass dem so ist – auch nicht, dass wir ihn als ein wichtiges Ziel in unserem Leben betrachten.

Roma Bettoni, deren Werk wir bereits im Kapitel über die Selbstwertschätzung gewürdigt haben, erklärt: "Wenn man das Wissen über Wohlstand erwirbt, manifestieren sich Geld, Gesundheit, Wohlergehen und Glück in jedem Augenblick des Lebens, weil Reichtum im Universum erschaffen wird." Sie schlägt uns drei Schritte vor, um dieses positive Bewusstsein unseres Wohlstandes zu erreichen:

- *Erster Schritt: Geben können.* Unseren Mitmenschen Liebe, Mitgefühl und Solidarität entgegenzubringen, soviel wir können – und noch ein bisschen mehr.

- *Zweiter Schritt: Frieden schließen mit dem Geld.* Wenn Sie denken, Geld ist etwas Schmutziges oder Unreines, wird Ihr Geist weiterhin Ihren positiven Gefühlen gehorchen, die zur Armut tendieren, und Ihnen das entziehen, was Sie als unanständig betrachten.
- *Dritter Schritt: Wissen, dass wir alle gewinnen müssen.* Es ist nicht nötig, dass einer verliert, damit ein anderer gewinnt. Auf der Welt gibt es genug für alle, ohne dass man jemandem etwas entreißen müsste, um es zu besitzen. Verbannen Sie die Habsucht. Wir werden alles zum richtigen Zeitpunkt und im richtigen Maße bekommen.

Wenn Sie die Botschaft verstanden haben und diese drei Schritte beherzigen, werden Sie über ein positives Wissen über Wohlstand verfügen. Sie können ihn ohne Furcht oder Gewissensbisse erstreben. Niemand wird Ihnen schaden und Sie auch nicht erniedrigen. Um den Wohlstand zu erhalten, den Sie verdienen, hat Bettoni einen Katalog mit Glaubensüberzeugungen und positiven Handlungen erstellt, der Ihnen als Leitfaden dienen kann:

10 Schritte, um Wohlstand zu erreichen
(Roma Bettoni)

- *Nehmen Sie sich Ihrer Herzenswünsche an.* Zuerst sollten wir in Kontakt mit unseren tiefsten Wünschen gehen. Oft haben diese tiefen Wünsche nichts mit dem zu tun, was wir glauben, uns wünschen zu müssen. Indem wir das "Müssen" verbannen, aktivieren wir einen Magneten, der all die nötigen Umstände zu uns zieht, um das Wirklichkeit werden zu lassen, was wir gesucht haben.
- *Setzen Sie Ihre Prioritäten.* Nachdem Sie mit den Wünschen in Kontakt getreten sind, die Sie wirklich bewegen, ist es wichtig, einen Aktionsplan zu entwerfen, der Ihnen hilft, diese in die Realität umzusetzen. In manchen Fällen ist die Priorität offensichtlicher, in anderen müssen Sie zwischen mehreren auswählen.

- *Schaffen Sie sich eine Vision Ihres Zieles.* Die Visualisierung ist eine sehr starke Waffe, um zu erreichen, dass sich Träume materialisieren. Entwickeln Sie Ihre Vorstellungskraft.
- *Lieben Sie, was Sie sich ausgesucht haben.* Wenn Sie das tun, was Sie lieben, werden die Energien des Universums Sie unterstützen und auf jeder Etappe Ihres Weges begleiten. Wenn Sie dies nicht können, lieben Sie wenigstens das, was Sie tun.
- *Empfinden Sie Dankbarkeit.* Werden Sie sich dessen bewusst, dass das, was Sie sich von Herzen wünschen, Ihnen bereits gehört, sich jedoch noch nicht manifestiert hat. Es ist essenziell, Dankbarkeit zu zeigen, bevor man empfängt, was man sich wünscht, weil ein dankbares Herz offen ist, um zu empfangen.
- *Nehmen Sie an, was Sie bekommen.* Bereit zu sein, das anzunehmen, was das Leben Ihnen zu bieten hat, ist ein grundlegender Schritt auf dem Weg zur Manifestation der Fülle.
- *Erklären Sie etwas zur Tatsache.* Wenn Sie sich für Ihre Wünsche eingesetzt und Dankbarkeit ausgedrückt haben, verstärken Sie dies nochmals mit Worten. Sagen Sie z. B.: "Ich erkläre dies zur Tatsache!" Das gesprochene Wort birgt eine enorme Kraft in sich, wenn es von Herzen kommt.
- *Handeln Sie.* Sobald Sie beginnen zu handeln und Fortschritte zu machen, werden Sie eine Erleichterung verspüren, die Ihnen hilft, sich zu entspannen und sich für neue Ideen zu öffnen.
- *Geben Sie sich dem "wahren Sein" hin.* Nun, da Sie Ihre Absicht mit Hilfe der Visualisierung mit Energie aufgeladen, ihr Liebe eingeflößt, ihr Ihre Dankbarkeit entgegengebracht und gehandelt haben, bleibt nur noch eines zu tun: alles in die Hände Gottes zu legen.
- *Distanzieren Sie sich innerlich von den Ergebnissen.* Wenn ein Arbeiter den Acker bestellt und die Saat legt, gräbt er nicht nach, um zu sehen, ob der Same keimt – er lässt die Natur ihre Arbeit verrichten. Auch Sie müssen das Leben und Gott frei agieren lassen, denn diese halten Lösungen bereit, die Ihr beschränkter Geist nicht einmal erahnen kann. Wenn sich bei Ihnen auf diese Weise nicht die gewünschten Ergebnisse einstellen, sollten Sie bedenken, dass dies zu etwas gut sein wird. Was auch geschieht – es geschieht immer zu Ihrem Besten!

5. Quellen für spirituelles und philosophisches Wissen

*Mögen die Wege der Suche im Leben unzählige sein,
die Suche ist doch immer die gleiche.*
Rumi

Das Zitat, das diesem Kapitel vorangestellt ist, stammt von Jalal ad-Din Muhammad Rumi, einem Sufi, Philosophen und Dichter des 13. Jahrhunderts. Er hat auch die so genannten "drehenden Derwische" inspiriert. Als Mystiker mit offenem, freiem Geist war Rumi ein außergewöhnlicher Lehrer für persönliches und spirituelles Wachstum des Menschen, der die Eigentümlichkeit besaß, in seine Reden jedes Individuum mit einzubeziehen. Seine Schriften schließen niemanden aus, lehnen keine Lehre und keinen religiösen Gedanken ab. Er richtete sein Wort ebenso an Sufis wie an die anderen Moslems, Buddhisten, Juden, Christen und auch Atheisten. Sein Appell lautet, den höchsten Seinszustand und die erhabenste und vollkommenste Perfektion zu erlangen, die jeder von uns nur erlangen kann. In einem seiner Gedichte drückt er es so aus:

> *Kommt, kommt, wer auch immer ihr seid, kommt!*
> *Ob Treuloser, Religiöser oder Heide, das ist nicht wichtig.*
> *Unsere Karawane ist nicht die Karawane der Desillusion!*
> *Unsere Karawane ist die Karawane der Hoffnung!*
> *Kommt, auch wenn ihr eure Versprechen tausendmal habt gebrochen!*
> *Kommt trotzdem, kommt!*

Mit dieser hoffnungsvollen universellen Botschaft möchten wir dieses letzte Kapitel unseres Buches eröffnen. Es ist der Vorstellung der spirituellen, philosophischen und religiösen Quellen des positiven Denkens sowie dem Einsatz der mentalen und kosmischen Energien unter Anwendung des Gesetzes der Resonanz gewidmet.

Hinduismus – die älteste Religion

Der Mensch, der vom Glauben durchströmt ist und seine Gefühle unter Kontrolle hat, erlangt das Wissen, das ihn zu höchstem Frieden führen wird.
Bhagavadgita

Der Hinduismus, der zu einem unbestimmten Zeitpunkt zwischen dem zweiten und ersten Jahrtausend vor Christus entstanden ist, ist die älteste unter den Religionen, die heute noch praktiziert werden. Da er eine tiefgründige, komplexe spirituelle Welt umfasst, lässt sich kein bestimmter Begründer finden, weder historisch gesehen noch mystisch betrachtet. In Wirklichkeit tauchte der Hinduismus einfach auf, ausgehend von einem Konglomerat von Glaubensrichtungen, Traditionen und Lokalkulten dieses unermesslichen Subkontinents.

Die Fusion vieler Glaubensrichtungen, aus der die hinduistische Lehre entstand, fand auf dem Höhepunkt der vedischen Zivilisation in der nördlichen Ebene zwischen dem Indus und dem Ganges statt, und zwar dank der ersten religiösen Schriften im Sanskrit. Die ältesten, tiefgründigsten und gesichertsten unter ihnen sind die "Veden" und die "Upanishaden", gefolgt von den "Puranas", dem "Mahabharata" und dem "Ramayana". Diese heiligen Bücher handeln von Theologie, Mythologie und Philosophie und bilden einen spirituellen Leitfaden, um dem Weg des "Dharma", oder des korrekten religiösen Lebens, zu folgen. Die "Baghavadgita" ist ein späterer Text, ein Auszug aus dem "Mahabharata", und wird als vollständige Zusammenfassung der vedischen Lehren betrachtet.

Neben ihrer spirituellen Hegemoniestellung in Indien verbreitete sich die vedische Lehre in den nachfolgenden Jahrtausenden unter verschiedenen Völkern der Welt, wo sie heute noch vorherrschend ist. Man rechnet, dass es heute etwa zwei Milliarden Gläubige gibt, wovon mehr als 900 Millionen in Indien und Nepal wohnen. Der Rest verteilt sich auf Länder mit einem hohen Bevölkerungsanteil hinduistischen Ursprungs, wie etwa Bangladesh, Sri Lanka, Pakistan, Indonesien, Malaysia, Surinam, Guyana und die Inseln Mauritius, Fidji und Trinidad und Tobago.

Die Verbreitung des Hinduismus ist aber auch in der westlichen Welt von Bedeutung, insbesondere durch verschiedene Formen des Yoga als Übungstechnik für Körper und Geist und einige Aspekte der transzendentalen Meditation.

Das Wissen und die Verbreitung der vedischen Lehre in Europa und Amerika während der kolonialen Besetzung Indiens durch Großbritannien erreichte mit der Persönlichkeit Mahatma Ghandis und seinem friedlichen Widerstand größere Dimensionen, ebenso wie mit dem Werk des Bengalen Rabindranath Tagore in Prosa und Poesie. Nach ihnen tauchten zahlreiche Gurus – oder Geistführer – und Swamis – Meister – auf, die mit ihren Predigten eine ungeheure Verbreitung bewirkten, vor allem in den Vereinigten Staaten, in Kanada, in Großbritannien und in anderen englischsprachigen Staaten.

Die Beatles und der Maharishi

Die Idole des Rock'n'Roll, allen voran die Beatles, waren die hauptverantwortlichen Akteure der Hochblüte des Hinduismus unter der rebellischen und pazifistischen Jugend der 60er Jahre des 20. Jahrhunderts, die als "Hippie-Generation" in die Geschichte einging. Im Sommer 1967, auf dem Höhepunkt ihres Erfolges, besuchten die vier Beatles und andere Berühmtheiten der Rockmusik, wie Mick Jagger und Brian Jones von den Rolling Stones, den Maharishi Mahesh Yogi während seines Aufenthaltes in England. Dieser hinduistische Guru propagierte damals im Westen eine "Bewegung zur spirituellen Reinigung", die den christlichen Fundamentalismus in Alarm versetzte. Wenig später reisten die Beatles in Begleitung von Künstlern wie Mia Farrow, Donovan oder Mike Love nach Indien, um mit Maharishi einen Kurs in transzendentaler Meditation zu machen.

Es bestand eine enge Beziehung zwischen den Rocksängern und dem Guru, die viel in der Öffentlichkeit diskutiert wurde, jedoch nicht sehr lange anhielt. Dies genügte jedoch: Das religiöse Establishment klagte sie des Dämonismus an, und so manch einer betrachtete das tragische Attentat auf John Lennon am 8. Dezember 1980 als Strafe Gottes.

Die Götter im Geiste

Alle dharmischen Glaubensrichtungen aus Hindustan, wie etwa der Hinduismus, der Jainismus, der Buddhismus und der Sikhismus, predigen die Unsterblichkeit der Seele, die einem wiederkehrenden Zyklus von Tod und Wiedergeburt folgt. Die tausendjährige vedische Religion entwickelte sich zur hinduistischen Doktrin des Yoga, die sich in den Lehren des "Vedanta" manifestierte. In ihrer Kosmologie geht sie von einem einzigen Universum aus, mit einem immanenten, transzendenten Gott, der sich in die Figuren Ishvara und Brahma teilt.

Das Interessante am Thema dieses Buches ist, dass diese hinduistischen Gottheiten sich über andere, kleinere Götter in den Geist eines jeden Individuums projizieren. In diesem Glauben finden wir das älteste Samenkorn für die Vorstellung, dass Gott in uns ist, oder anders ausgedrückt, dass jeder Mensch in sich einen Bestandteil Gottes trägt. Die Hinduisten erreichen Gott über das "Nirvana", einen Zustand absoluter Gnade, den man durch Meditation und Erleuchtung erlangt.

Das Nirvana ist weder ein himmlischer Ort noch ein Geisteszustand, sondern eine Erfahrung, die von den Barrieren befreit, die das Individuum daran hindern, an der Göttlichkeit teilzunehmen. Hierzu gehören alle Seinszustände des Ichs, wie die Geburt, das Verlangen, die Notwendigkeit, das Bewusstsein, die Habgier, der Hass, die Ignoranz, die Verwirrung und der Tod. Jede Person trägt in ihrem Geist das "Karma" - die Summe der Ergebnisse all ihrer guten und schlechten Handlungen aus wiederholten Inkarnationen –, das wiederum die nächste Inkarnation bestimmt.

Die einzige Möglichkeit, sich vom Zyklus von Tod und Wiedergeburt zu befreien, besteht laut den Gesetzen des Karmas im "Moksha" (Befreiung) oder auch "Mukti" (Erlösung), wie es im Sanskrit heißt. Es handelt sich um ein transzendentales Phänomen, durch das jegliches Bewusstsein von Raum und Zeit gelöscht und die negative Bürde des Karmas aufgelöst wird. Dieser Prozess, der es ermöglicht, das Nirvana zu erlangen, ist nicht die Erlösung im christlichen

Sinne, sondern eine Löschung des Egoismus des Ichs, eine Auflösung der individuellen Persönlichkeit. Höchstes Ziel ist es, die irdischen Leidenschaften und Erwartungen ruhig zu stellen, um in eine höhere Dimension der Gelassenheit und der Weisheit einzutreten.

Einfluss auf die Vorläufer

Zweifelsohne nahm der Hinduismus gemeinsam mit seiner philosophischen Version, dem Buddhismus, bedeutenden Einfluss auf die westliche Spiritualität, die in den letzten Jahrzehnten des 19. Jahrhunderts aufkam. Die Denker und religiösen Anführer, die Prinzipien wie das Neue Denken und das Gesetz der Resonanz der mentalen Schwingungen begründeten und verbreiteten, kannten und studierten die hinduistischen Religionen.

Obgleich sie im Allgemeinen nicht die mystische Auflösung des menschlichen Geistes teilten, die diese Glaubensrichtungen propagieren, so übernahmen sie von ihnen dennoch zwei Dinge: die Vorstellung, dass der menschliche Geist Teil einer allgegenwärtigen Gottheit ist, sowie auch die Möglichkeit, sich mit dieser zu identifizieren. Sie übernahmen außerdem die Notwendigkeit, die schädlichen Aspekte des Geistes zu überwinden, wie Depression, Leiden, Hass, Neid und andere Aspekte, die in negativen Gedanken ihren Ausdruck finden, um die spirituellen und materiellen Ziele, die jeder Mensch hat, erreichen zu können und so ihr Leben im positiven Sinne zu verändern.

Buddhismus – der Kult ohne Gott

Was wir sind, ist das Ergebnis unserer Gedanken,
es gründet sich in unseren Gedanken
und ist aus unseren Gedanken gemacht.

              Buddha

Der Buddhismus ist ein Glaube, der nach dem Hinduismus entstand und eng mit diesem verwandt ist. Begründer und Hauptkultfigur ist Prinz Siddharta Gautama, ein Adliger aus dem 5. Jahrhundert vor Christus, der im Alter von 35 Jahren die Erleuchtung fand. Diese veränderte sein Leben. Daher wurde er von seinen Anhängern "der Buddha" genannt – nach dem Sanskritwort "Buddha", das "Erwachter", "Wächter" und "Erleuchteter" bedeutet. Siddharta predigte mehr als 40 Jahre lang bis zu seinem Tod im Alter von 80 Jahren, ohne irgendein schriftliches Zeugnis zu hinterlassen. Seine Lehren breiteten sich rasch über ganz Indien und die benachbarten Regionen aus, wie Nepal, Bangladesh, Ceylon – das heutige Sri Lanka – und insbesondere China.

Mehr als eine Religion mit mystischem Inhalt ist der Buddhismus eine philosophische Religion, ein Verhaltenscodex, ein Weg, um die Perfektion und spirituelle Gelassenheit zu erlangen. Seine Doktrin etablierte die "vier erhabenen Wahrheiten", die sich auf das menschliche Leid beziehen: dessen Natur, Ursachen, Auflösung und die Kraft, es aufzulösen. Diese vierte Wahrheit ist der Weg, um sich von Leid und Schmerz zu befreien, und drückt sich im "Edlen Pfad der acht Schritte" oder "achtfachen Pfad" aus. Dieser führt zu spiritueller Gelassenheit, die die transzendentale Meditation und die Weisheit ermöglicht. Das Individuum, das diesen Weg in seiner Vollkommenheit geht, kann als "Buddha" bezeichnet werden, weil Prinz Siddharta "DER" Buddha ist – jedoch nicht der einzige Buddha, und weil es andere, anonyme Buddhas vor und nach ihm gegeben hat und in Zukunft neue Buddhas geben kann.

Obgleich bestimmte Sekten Buddha wie einen Gott anbeten, verehren ihn die meisten Buddhisten nur als Begründer und Anführer, der durch die Energie des Universums erleuchtet wurde, die weder einen Anfang besitzt noch ein Ende findet. Es gibt im Buddhismus nicht die Vorstellung eines allwissenden, allgegenwärtigen Schöpfergottes. Dieser diffuse Atheismus ist sein Unterscheidungsmerkmal im Vergleich zu den anderen Weltreligionen.

Die ersten Anhänger Buddhas im Westen waren prinzipiell Gruppen von asiatischen Einwanderern oder Agnostikern und Atheisten mit gewissen spirituellen Interessen. Mit Ausnahme der japanischen "Zen"-Variante fand der Buddhismus keinen sehr überzeugenden Niederschlag in den westlichen Entwicklungsländern. Doch es ist offensichtlich, dass seine Ablehnung des Leidens und sein Glaube an die Energien des Universums die Lehren der Mentalisten des 19. und 20. Jahrhunderts inspiriert haben.

Das "Zen-Phänomen"

Anlässlich des Weltkongresses der Religionen im Jahre 1893, der in Chicago stattfand, zählte man auf die Anwesenheit des buddhistischen Mönches Soyen Shaku, dem Repräsentanten der buddhistischen Zen-Bewegung, die in Japan im 12. Jahrhundert als Abspaltung einer bestimmten philosophisch-religiösen buddhistischen Lehre in China entstanden war. Die Predigt von Shaku zu jenem Anlass wird als der Ausgangspunkt für das Aufblühen dieser Meditationslehre in den Vereinigten Staaten und in Europa betrachtet. Von damals bis auf den heutigen Tag teilt sich das Zen gemeinsam mit dem Yoga die Vorrangstellung unter den östlichen Mentalistenpraktiken im Westen.

Das typische Unterscheidungsmerkmal des Zen-Buddhismus ist die besondere Bedeutung, die man der individuellen Ausübung der Meditation beimisst, begleitet wird sie vom Studium der heiligen Texte oder der Lektüre von erbaulichen Vorträgen und Maximen. Weisheit muss man über eigene Erfahrungen erwerben. Höchstes Ziel ist es, "zu erwachen" oder "die Erleuchtung" zu erlangen und dabei mit Buddhas Perfektion um die Wette zu eifern.

Mit diesem Ziel vor Augen praktizieren die Anhänger das "Zazen", oder die "Meditation im Sitzen", so, wie der Tradition zufolge Siddharta es tat, als er "erwachte" oder "erleuchtet" wurde. Diese Sitzhaltung entspricht aber auch den traditionellen Elementen der Vergegenwärtigung und Konzentration, die einen Teil des "Edlen Achtfachen Pfades" bilden.

Wie wir oben bereits dargelegt haben, stammt das Zen aus der Tradition des Mahayana-Buddhismus, dessen Praxis in China unter der Bezeichnung "Chan-Buddhismus" im 7. Jahrhundert nach Christus ihren Anfang nahm. Der Chan-Buddhismus breitete sich wenig später nach Vietnam, Korea und Japan aus, wo er besondere Verbreitung fand. Es ist wahrscheinlich, dass sein hoher Grad an Anerkennung in der westlichen Welt – zumindest teilweise – auf die Einfachheit seiner Aussage zurückzuführen ist: "Wir alle tragen von Natur aus das Potenzial in uns, Buddhas zu werden. Wir können es uns nur erschließen, wenn wir in uns selbst danach suchen" – eine Philosophie, die in ihrer Essenz sehr der ähnelt, die den modernen Mentalismus und das Neue Denken inspiriert hat.

Reiki – die Energie, die alles heilt

Klammert euch nicht an die Fantasie, die nichts zu verändern vermag.
Mikao Usui

Zu Beginn des 20. Jahrhunderts, nach drei Wochen des Fastens und der Meditation auf dem Gipfel des Monte Kurama empfing der japanische Arzt Mikao Usui die Gabe, mittels spiritueller Energie zu heilen. Diese Erfahrung veranlasste ihn, eine alternative Therapie zu entwickeln, die er "Reiki" nannte – vom Japanischen "rei", dt. "universell", und "ki", dt. "Energie" – vielleicht, weil er bereits vorausahnte, dass sie sich über die ganze Welt verbreiten würde.

Bei seiner Theorie setzt er die Existenz einer "Lebensenergie" voraus, die im Universum dahintreibt. Zu ihr können Menschen Zugang bekommen, die das Recht haben, sie zu Heilzwecken einzusetzen. Die verbreitetste Technik ähnelt der traditionellen Heilung über Handauflegen, nachdem die Hände vorher in der Luft aneinandergerieben wurden, um sie mit dieser therapeutischen Energie "aufzuladen". Um diese Methode praktizieren zu können, muss man sich einem Initiationsprozess unterziehen, der von einem "Reiki-Meister" geführt wird. Die initiierten Personen können das Reiki dann mit ihren Händen anziehen und an sich selbst oder anderen Menschen anwenden, und zwar sowohl, um Krankheiten zu heilen, als auch, um diesen vorzubeugen.

Die energetisierten Hände werden dem Patienten auf den Körper aufgelegt, ohne dass er sich entkleiden muss. Sie können auch in einigen Zentimetern Abstand über die betroffene Zone gehalten werden. Manche Meister postulieren, dass der Heiler das Leiden des Patienten kennen und sich auf die Absicht zu heilen konzentrieren muss. Radikalere Strömungen hingegen hängen diesem Prinzip nicht an. Laut ihrer Version des Reiki findet dieses ganz von selbst die von einem Leiden betroffenen Zonen und Organe oder solche, die zu einem bestimmten Schmerz neigen, und wirken darauf ohne die willentliche Einwirkung des Therapeuten. Die Energien des Universums erfüllen demnach drei Grundfunktionen der Medizin: vorbeugen, diagnostizieren und heilen.

Neben dieser dreifachen Kraft, die man dem Reiki zuschreibt, kann es auch problemlos begleitend zu jeder anderen Art von Behandlung oder Medikation eingesetzt werden, ganz gleich, ob es sich um ein allopathisches, homöopathisches oder ein naturheilkundliches Therapieverfahren handelt. In der Tat ist dies in der Praxis sehr häufig der Fall. Wird die therapeutische Funktion des Reiki mit anderen Methoden kombiniert, so schreiben einige Verfechter des Reiki die Heilerfolge jenen Methoden zu oder aber machen diese für ein etwaiges Scheitern der Behandlung verantwortlich. Dies ist jedoch nicht der Haupttenor, da die verschiedenen medizinischen Praxen den Einsatz von Reiki als mögliche begleitende, oder zumindest unschädliche Begleittherapie akzeptieren, wenn der Patient dies wünscht.

Reiki und das Neue Denken

Es ist sehr wahrscheinlich, dass die Verbreitung des Reiki im Westen Faktoren wie der Einfachheit seiner Anwendung, dem Fehlen von mystischen oder esoterischen Doktrinen, seiner Akzeptanz in Kombination mit anderen therapeutischen Maßnahmen, der Bandbreite seines Anwendungsgebietes und vor allem zahlreichen attestierten Heilerfolgen, die dem Reiki zugeschrieben werden, zu verdanken ist.

Obgleich die Theorie von Dr. Usui zeitgemäß ist und in gewisser Weise auch erst nach den amerikanischen Pionieren des Neuen Denkens aufkam, diente die große Beliebtheit, der sich das Reiki in den letzten Jahrzehnten des 20. Jahrhunderts erfreute, allen Strömungen des Mentalismus als Unterstützung und Bestärkung – insbesondere in Bezug auf Aspekte, die mit den kosmischen Schwingungen und dem Gesetz der Resonanz in Zusammenhang stehen, die ja die Grundlage des Reiki bilden.

Pythagoras und die Neoplatoniker

Nichts im Universum geht verloren,
alles, was in ihm geschieht, befindet sich im Wandel.
Pythagoras von Samos

Wir verdanken Pythagoras, was das Wissen der Menschheit betrifft, nicht nur das berühmte Theorem, das seinen Namen trägt – und das er in Wirklichkeit vom Osten mitgebracht hatte und das von einem seiner Schüler vollendet wurde –, sondern auch die Formulierung der ersten wissenschaftlich inspirierten Kosmogonie auf der Basis mathematischer Beziehungen. Laut dieser fügt sich die Erde als einer von vielen Planeten in ein perfektes System ein, das er als "Kosmos" bezeichnete.

Pythagoras wurde um 570 vor Christus auf der Insel Samos geboren, nahe der heutigen Türkei. Dort bildete er sich im Denken der ersten ionischen Philosophen, wie Thales von Milet, Anaximander oder Anaximenes. In seiner Jugend unternahm er Schnupperreisen nach Mesopotamien und Ägypten, wo er die östlichen Glaubensrichtungen und Traditionen studierte. Zurück auf Samos stieß er auf die Tyrannei von Polykrates, der zu jener Zeit die Insel beherrschte, und wurde ins Exil verbannt. Wenig später ließ er sich in Kroton nieder, einer griechischen Kolonie im Süden Italiens, die reich und weltoffen war. Dort begründete er im Jahr 500 vor Christus eine Schule mit philosophischen, religiösen und politischen Inhalten, die in der gesamten antiken Welt berühmt werden sollte.

Der Meister lehrte dort selbst über 40 Jahre lang und wurde von seinen Schülern wie ein Gott angebetet. Sie waren es, die, als Pythagoras verstarb, ohne eine einzige Zeile niedergeschrieben zu haben, sein Gedankengut verbreiteten und weiterentwickelten, und zwar sowohl im Bereich der Mathematik wie auch der Philosophie und der Doktrin einer asketischen Moral. 150 Jahre später sollte sein Einfluss im Gedankengut von Platon, Aristoteles und anderen Philosophen Anerkennung finden und in seinen heterodoxesten Aspekten von den "neoplatonischen" Philosophen des späten Mittelalters und der Renaissance erneut aufgegriffen werden.

Die Pythagoräer versuchten, das Geheimnis der Harmonie der Zahlen (Heilige Geometrie) zu enthüllen, um die Harmonie des Universums offenbaren zu können. Auf ihrer Suche wollten sie die Essenz des Kosmos' in Form ganzer Zahlen finden und zeigten dabei eine Begeisterung für die Numerologie, die dazu führte, dass sie die religiöse Mystik mit der Wissenschaft, die Musik mit der Kosmologie und die Metaphysik mit der Philosophie in engen Zusammenhang brachten. So integrierten sie Körper, Seele und Geist in einer harmonischen Synthese, die aus der Zahl "die Essenz aller Dinge" machte.

QUELLEN FÜR SPIRITUELLES UND PHILOSOPHISCHES WISSEN · 167

Die Harmonie der Sphären

Das Studium der Mathematik veranlasste Pythagoras dazu, sich für die mathematischen Beziehungen zwischen den Geschwindigkeiten der Planeten und den Musiknoten zu interessieren. Er war davon überzeugt, "dass so große Körper [wie die Planeten] in ihren schnellen Bewegungen einen Schall verursachen müssen, der, weil sie mit verschiedener, jedoch abgemessener Geschwindigkeit und in immer ausgedehnteren Kreisen rotieren, eine zusammenklingende, nach musikalischen Tonverhältnissen geordnete Harmonie erzeuge, so daß das Sonnensystem einer siebenfach besaiteten Leyer gleiche." [sic] *(Zitat Einf. d. Lektors)*[1]

Er stellte weiter eine perfekte Harmonie zwischen den Bahnen der weit entfernten Sterne fest, die er "Sphärenmusik" oder "Sphärenharmonie" nannte. (Er behauptete damals schon mit Gewissheit, dass die Erde und die anderen Planeten rund sind.) Diese Vorstellung ist in den Dialogen Platons in "Phaedrus und die Republik" dargelegt. Demnach sind Sonne und Mond, ausgehend von der pythagoreischen Kosmogonie, beides Paradiese, zu welchen die guten Seelen Zutritt haben. Einige andere Planeten beherbergen Höllen, um die bösen Geister zu bestrafen.

In jedem Fall stellt die Betrachtungsweise des Kosmos als harmonisches Gleichgewicht, dessen Perfektion die unperfekten, willkürlichen Kräfte der alten Götter ersetzte, den Hauptbeitrag Pythagoras' und seiner Nachfolger zum modernen Neuen Denken dar. Das Universum, das er beschreibt, ist eine Version, die dem, was wir heute wissen, recht nahe kommt – und zugleich ist sie auch idealisiert. Den Pionieren des Mentalismus' genügt es, die neuesten Erkenntnisse dieser Zeit über die Magnetwellen und die Energieübertragung zu nutzen, um eine umsetzbare Theorie über die Kraft des Geistes aufzustellen.

Franz Mesmer und der beseelte Magnetismus

*Es gibt einen wechselseitigen Einfluss zwischen Erde,
Himmelskörpern und beseelten Körpern.*

Franz Mesmer

Wenn es einen Wissenschaftler gab, der den modernen Mentalismus entscheidend beeinflusst hat, dann war dies zweifelsohne der Arzt Franz Anton Mesmer. Seine Vorstellung vom beseelten Magnetismus passt nahezu perfekt zur Theorie und Praxis des Gesetzes der Anziehung. Seine Abhandlungen über die Hypnose wurden von Therapeuten in die Praxis umgesetzt, die sich dem Neuen Denken zugehörig erklärten.

Mesmer wurde als Sohn eines Försters 1734 in Iznang (Schwaben) am Bodensee geboren. Der junge Mesmer entnahm seine ersten Ideen über die kosmischen Energien höchstwahrscheinlich der Lektüre der neoplatonischen Schriften und vielleicht auch aus der Vita von Cagliostro und anderen "Magiern" mit erstaunlichen Kräften. Sicher belegt ist, dass es ihm gelang, sich von der Existenz einer unbekannten Heilkraft zu überzeugen, die die beseelten Körper auf der physischen Ebene mit den irdischen und kosmischen Kräften verband. Er nannte seine Entdeckung den "animalischen Magnetismus" ("beseelten Magnetismus") – nicht im zoologischen Sinne, sondern nach der lateinischen Urbezeichnung "anima", was Seele bedeutet.

Franz Mesmer war Doktor der Medizin und versuchte, diese Eigenschaften in der Praxis bei seinen Patienten anzuwenden und seinen Kollegen zu erklären. Doch die damalige wissenschaftliche Gesellschaft wies seine fantastische Theorie strikt ab. Er fand jedoch großen Anklang und große Beliebtheit in der Bevölkerung, da er versicherte, die mysteriösen Kräfte des Universums kanalisieren zu können, um die verschiedensten Krankheiten zu heilen. Dieser Erfolg erregte den Unmut der Medizinischen Vereinigung von Wien, die ihn unter starken Druck setzte, die Stadt zu verlassen. Mesmer versuchte, diese Aufforderung zu ignorieren, doch die Androhung der Anklage vor Gericht überzeugte ihn, sich aufzumachen, um sein Glück in Paris zu versuchen.

In der französischen Hauptstadt waren ihm Glück und Erfolg noch viel mehr hold, wo er begann, als Propagandamaßnahme für seine Heiltätigkeit, Shows anzubieten, bei welchen er einige Assistenten hypnotisierte. Diese wurden

aufgefordert, Dinge zu tun, die im Wachzustand undenkbar waren, oder auch einfache, komische oder amüsante Dinge, jedoch niemals etwas Demütigendes. Er durchreiste mit seiner Nummer ganz Europa und wurde zum brillanten theatralischen Mentalisten. Dies brachte ihm den Ruf ein, als einer der besten Illusionisten des 18. Jahrhunderts zu gelten – jedoch nicht als großer Wissenschaftler.

1784 wurden die Heilpraktiken von Dr. Mesmer der Prüfung durch ein wissenschaftliches Komitee unterzogen, dem auch Benjamin Franklin höchstpersönlich beiwohnte, der sich zum damaligen Zeitpunkt gerade in Paris befand. Das Urteil lautete, dass seine Theorien jeglicher wissenschaftlichen Grundlage entbehren. Mesmer verließ Frankreich verärgert und beleidigt, um sich in der Schweiz niederzulassen, wo er 1815 verstarb. Seine Anhänger setzten seine Forschungen und Experimente fort – unter der stetigen Missbilligung von seiten der Schulmedizin. Nichtsdestotrotz lässt es sich nicht leugnen, dass der Mesmerismus die Entwicklung der medizinischen Hypnose, insbesondere für psychotherapeutische Behandlungen, beeinflusst hat.

Die Theorie von der emotionalen Intelligenz

Andere Menschen zu kennen – ist Intelligenz.
Sich selbst zu kennen – ist Weisheit.   Tao Te Ching

1995 ereignete sich etwas Außergewöhnliches: Das wissenschaftlich verfasste Buch "Emotionale Intelligenz" löste weltweit eine unerwartete Popularität aus. Es wurde in alle nur vorstellbaren Sprachen übersetzt und hielt sich lange Zeit auf Rang 1 der Bestsellerlisten – etwas, das seit der Zeit des scharfsinnigen und äußerst angenehmen wissenschaftlichen Publizisten Stephen Ray Gould nicht mehr vorgekommen war, und dem Autor Daniel Goleman wohlverdienten Ruhm und großartige Verdienste einbrachte. Obendrein war der Text schwer, schwierig zu verstehen und im trockenen Stil einer Doktorarbeit verfasst.

Goleman, ein fähiger Psychologe mit guten Medienverbindungen, griff in seinem erfolgreichen Werk eine Reihe von aktuellen Studien und Forschungen über Funktion und Merkmale der menschlichen Intelligenz auf. Sein Vorgänger war Edward Thorndike, ebenfalls ein Psychologe, der das Konzept der "sozialen Intelligenz" eingeführt hat, das er 1920 folgendermaßen definierte: "Die Fähigkeit, Männer und Frauen, Jungen und Mädchen, zu verstehen und zu leiten, und in Bezug auf die zwischenmenschlichen Beziehungen weise vorzugehen".

Howard Gardner, Psychologe an der Harvard Universität, veröffentlichte 1983 sein Buch "Multiple Intelligenzen", in dem er die Existenz unterschiedlicher Arten von sektoriellen Intelligenzen anstelle der bis dato anerkannten einen Intelligenz verteidigte. Dieser Autor stellte acht Arten der Intelligenz vor: die linguistisch-verbale, die logisch-mathematische, die körperlich-kinetische, die räumlich-visuelle, die musikalische, die emotionale – die sich wiederum in die intrapersonale und interpersonale Intelligenz aufteilt – die naturalistische sowie die existenzielle Intelligenz.

Der Begriff "emotionale Intelligenz" war keine Erfindung Golemans. Er wurde 1990 erstmals von den Forschern Peter Salowey und Dr. John D. Mayer auf dem Gebiet der Psychologie eingeführt, die ihn wie folgt definieren: "Die Fähigkeit, die eigenen Gefühle und die der anderen Menschen wahrzunehmen, zu unterscheiden und sich dieser Informationen zu bedienen, um das eigene Denken und Verhalten zu steuern."

Das gefühlsbetonte Denken

Laut ihren Verfechtern besteht die emotionale Intelligenz aus bestimmten Eigenschaften, u.a. den Fähigkeiten, die die soziale Intelligenz bilden. Die Emotionen sind – abgesehen von ihrer Rolle unter anderen Lebensumständen – untrennbar mit den sozialen Beziehungen verknüpft. Unser intellektueller Verstand reagiert auf die Notwendigkeit, Prioritäten zu setzen, positive Aspekte zu suchen und negative Gedanken zu vertreiben, die Depressionen oder Misserfolge verursachen können. Diesen Prozess kann man nicht durch Emotionen beherrschen, doch man kann jene auch nicht ignorieren. Ziel ist es, sie zu akzeptieren und soweit unter Kontrolle zu halten, dass sie sich nicht in unser persönliches und gesellschaftliches Leben einmischen, sondern vielmehr Informationen liefern, die unsere Beziehungen und Entscheidungen optimieren können.

Die emotionale Intelligenz drückt sich folglich in vier Bereichen aus:

- Die Fähigkeit, die Emotionen präzise zu erfassen.
- Die Fähigkeit, die Emotionen zu nutzen, um dem Denken und logischen Argumentieren mehr Effektivität zu verleihen.
- Die Fähigkeit, die eigenen Emotionen und die der Mitmenschen besser zu verstehen.
- Die Fähigkeit, die eigenen Emotionen zu kontrollieren.

Die jüngsten Forschungen haben überzeugende Beweise dafür erbracht, dass es unmöglich ist, Denken und Emotionen zu trennen. Die Entscheidungen, die wir treffen, wenn wir nur logisch argumentieren, können niemals die besten für die betreffende Situation sein, wenn man die Dinge von allen Seiten betrachtet.

Der Erfolg des Buches von Goleman lenkt das Prestige der emotionalen Intelligenz in zwei Richtungen: Zum einen wird sie in Richtung der Bildungs- und Geschäftswelt gelenkt, mit der Folge, dass zahlreiche Bücher wie Pilze aus dem Boden schießen, die uns mitteilen, wie man jene in diesen Bereichen einsetzt. Auch tauchen Pseudo-Experten aus dem Nichts auf, die Vorträge und Workshops zu diesem Thema anbieten. Sogar der Autor selbst entschied sich in seinem zweiten Buch mit dem bezeichnenden Titel "Emotionale Intelligenz und Unternehmensmanagement" für diesen Weg. Die zweite Richtung wurde von Autoren und Therapeuten der so genannten "Autosuggestion" eingeschlagen, die die emotionale Intelligenz als eine theoretische Stütze für ihre praktische Tätigkeit vereinnahmten, die auf der Willenskraft und der Suggestion basieren, wobei sie noch eine Art "Elementar-Mentalismus" hinzufügten.

Gewiss ist, dass keine Strömung und kein Autor, der sich mit der emotionalen Intelligenz befasst, die mentalen Energien, die kosmischen Schwingungen oder das Gesetz der Resonanz erwähnt. Dieser theoretische Schwachpunkt wurde jedoch weitgehend durch die Tatsache überwunden, dass das Gehirn und seine Funktionen à la mode waren. Dies belebte den Mentalismus in einem schwierigen Moment neu und ging sogar so weit, dass Roma Bettoni, Susan Jeffers und andere Experten auf das indio-europäische Gedankengut als unterstützendes Element ihrer Visualisierungen zurückgegriffen haben.

Anhang

Autoren, die zur Erstellung dieses Buches zu Rate gezogen wurden

* **Bettoni, Roma.** Von Beruf Rechtsanwältin, studierte sie die Kräfte der emotionalen Intelligenz und die mentalen Energien nach einem Prozess der persönlichen Suche. Sie leitete einige Jahre lang die Radiosendung "Für uns alle", wird häufig ins Fernsehen eingeladen und hält regelmäßig Konferenzen und Kurse. Sie hat folgende Werke veröffentlicht: "Reise in deine innere Welt", "Emotionale Balance" und "Es gibt noch einen anderen Weg"*.

* **Bhatnagar, Anil.** Er ist Reiki-Meister, Coach und Referent zum Thema Motivationstherapie und Persönlichkeitsentwicklung. Der indische Professor Anil Bhatnagar ist ein Mann mit vielseitigen Interessen zu Themen der Spiritualität und der Beziehungen zwischen Körper und Geist. Seine passionierten Artikel und Bücher haben ihm dauerhaften Erfolg eingebracht, sowohl in Indien als auch im Ausland. Zu seinen Hauptwerken zählen die Bestseller "Transform Your Life with Reiki" (Verwandle dein Leben mit Reiki*), und "The Little Book of Forgiveness" (Das kleine Buch vom Verzeihen*).

* **Dunwich, Gerina.** Diese esoterische Schriftstellerin und Dichterin definiert sich selbst als "Hexe". Sie hat die europäische Esoterik und die magische Wicca-Tradition mittelalterlichen Ursprungs von Grund auf studiert. In ihrem Buch "Die Magie der Kerzen" beschreibt sie, wie man die Kraft des Kerzenlichtes sowohl für die Konzentration als auch für die Meditation einsetzt. Sie ist auch Herausgeberin des Magazins "Golden Isis" (Goldene Isis) über mystische Poesie und heidnische Kunst. Gerina lebt am Stadtrand von Salem/Massachusetts. Dieser Ort ist berühmt, weil dort 1692 die letzte Verfolgung und Hinrichtung vermeintlicher Hexen stattfand.

* **Epstein, Gerald.** Er ist Doktor der Medizin und Professor für klinische Psychologie am Mount Sinai Medical Center von New York. Seit 25 Jahren widmet er sich der Behandlung von Krankheiten mittels mentaler Bilder, Psychoanalyse und Meditation. Er hat Konferenzen in den Vereinigten Staaten, in Europa und Israel gehalten. Zu seinen Werken zählen "Waking Dream Therapy" (Wachtraumtherapie), "Heilsame Visualisierungen" (Verlag Robinbook 2002) und "Die sieben Schlüssel zur Heilung".

* **Godefroy, Christian H.** Der französische Mentalist, Experte für mentale Dynamik und Persönlichkeitsentwicklung hat verschiedene Werke über sein Spezialgebiet geschrieben, darunter "Ticket zur Freiheit" und "Die Techniken des positiven Denkens" in Zusammenarbeit mit D. R. Steevens. Das Verlagshaus, das seinen Namen trägt, ist französischsprachiger Marktführer für Bücher zum Thema mentale Beherrschung und Selbsthypnose. Derzeit wohnt Godefroy in der Schweiz und widmet sich ausschließlich dem Schreiben neuer Werke.

AUTOREN, DIE ZU RATE GEZOGEN WURDEN: · 175

✷ **Greiner, Alison.** Die Mentaltherapeutin Alison Greiner arbeitet an den Themen Positives Denken und kreative Visualisierung. In ihren Artikeln für das Heilerteam Truestar vertritt sie eine optimistische Sichtweise der Behandlung mit Mentaltherapien. Greiner schreibt auch für andere Fachpublikationen und nimmt an Sendungen zur mentalen Gesundheit teil.

✷ **Jeffers, Susan.** Als Expertin, die sich auf die zwischenmenschlichen Beziehungen spezialisiert hat, hat Susan Jeffers den Doktortitel für Psychologie an der Universität von Columbia in New York inne und bietet Privatsprechstunden in Los Angeles an. Sie wird seit ihrem Bestseller "Selbstvertrauen gewinnen: Die Angst vor der Angst verlieren" (Kösel Verlag, 2003), der mehrere wertvolle Auszeichnungen erhalten hat, als eine der weltbesten Autorinnen zum Thema Autosuggestion betrachtet. Unter den weiteren Büchern von Jeffers zeichnen sich besonders folgende Werke aus: "Das Leben in Zeiten der Krise genießen"*, "Auch wenn du Angst hast, handle trotzdem"*, "Botschaften der Liebe"* und "So führen Sie eine Beziehung ohne Probleme"*.

✷ **Jones, Deirdre.** Als anerkannte Autorität auf dem Gebiet der theoretischen Visualisierungen und der Meteorologie widmet die Ingenieurin Deirde Jones einen Teil ihrer Zeit der Erforschung und Verbreitung der mentalen Visualisierungen zur Persönlichkeitsentwicklung und für therapeutische Behandlungsmaßnahmen. Jones wird häufig im Fernsehen interviewt und veröffentlicht regelmäßig Presseartikel über ihr Spezialgebiet.

* **Kummer, Peter.** Der deutsche Psychologe und erwählte Schüler von Joseph Murphy, dessen Werk er in seinem Heimatland verbreitete, hat verschiedene Bücher zum Thema veröffentlicht, darunter "Ich kann, ich will, ich werde!" (MVG, 2001) und "Nichts ist unmöglich" (Herbig Verlag, 2000) sowie "Schutzengel AG – Partner ohne Risiko" (Silberschnur Verlag 2004). Kummer leitet verschiedene Kurse und Seminare zum Positiven Denken und tritt bei deutschen Radio- und Fernsehsendungen auf.

* **Lewis, Dennis.** Er ist Experte für Meditation und östliche Therapien, studierte viele Jahre lang die Werke von Gurdieff sowie die "Advaita Vedanta", den Taoismus und Qi Gong. Aktuell hält er Konferenzen und leitet Kurse für prominente Persönlichkeiten in den Vereinigten Staaten, schreibt regelmäßig in verschiedenen Magazinen und Journalen und hat mehrere Bücher über die authentische Atmung und die Körper-Geist-Therapie herausgegeben, darunter "Das Tao des Atmens" (Rowohlt, 1999) und "Die heilende Kraft der natürlichen Atmung" (Hugendubel, 2008).

* **Mackenzie, Linda.** Die Ärztin für klinische Hypnose, Autorin, Journalistin und Referentin zu den Themen "Autosuggestion" und "Motivationspsychologie", Linda Mackenzie, leitet ihr eigenes Unternehmen "Creative Health & Spirit" (Kreative Gesundheit und Geist) und nimmt an Radio- und Fernsehsendungen zu ihrem Spezialgebiet teil. Sie ist Beraterin wichtiger öffentlicher und privater Unternehmen. Zu ihren erfolgreichsten Werken zählen "Inner Insights – The Book of Charts" (Innere Erkenntnisse – Das Buch der Karten*) und "Help Yourself Heal with Self-hypnosis" (Selbstheilung durch Selbsthypnose*).

* **Markham, Ursula**. Diese anerkannte Mentalistin und Hypnosetherapeutin aus Großbritannien ist angesehenes Mitglied des "National Council of Hypnotherapy" (Nationalrat für Hypnosetherapie) und wird als eine der besten Spezialistinnen Großbritanniens auf ihrem Gebiet betrachtet. Markham wohnt und arbeitet in Gloucester. Von dort aus verreist sie oft, um Konferenzen und Kurse zu halten oder im Fernsehen interviewt zu werden. Sie hat mehr als 25 Bücher veröffentlicht, darunter die Bestseller "Visualisieren" (Kamphausen Verlag, 2001) und Kopftraining" (Bertelsmann Club, 1993).

* **Messina, James J. und Constance Messina**. Das Ärzte- und Psychologen-Ehepaar Messina hat sich auf die Behandlung psychischer und körperlicher Probleme spezialisiert. Ihre Technik stützt sich auf den Einsatz des positiven Denkens und der Mentalenergien. Nach mehr als 30 Jahren erfolgreicher Arbeit an öffentlichen und privaten Institutionen leiten sie derzeit die "Coping Organization", ein Orientierungs- und Hilfszentrum in Tampa/Florida. Sie haben mehrere Bücher und Artikel verfasst, darunter "Advanced Developed Systems" (Fortgeschrittene Entwicklungssysteme").

* **Peiffer, Vera**. Die Psychoanalystin und Hypnosetherapeutin ist in Deutschland geboren und 1981 nach Großbritannien übergesiedelt, wo sie ihren Hochschulabschluss für Psychologie absolviert hat. Sie hat ihre Studien an der "Hypnothink Foundation" (Stiftung Denken & Hypnose) und am Hypnosetherapie-Zentrum in Bournemouth mit Diplom abgeschlossen. Derzeit arbeitet sie als Therapeutin in London und leitet Kurse zur Stressbewältigung an der "London Business School". Zu den zahlreichen Werken, die sie veröffentlicht hat, zählen "Positiv Denken" (Midena, 2004), "Nur keine Angst! Das Erfolgsprogramm gegen Angstzustände und Panikattacken" (Droemer Knaur, 2005) und "Aktiv-Programm Positives Denken: So verwirklichen Sie Ihre persönlichen Ziele" (Droemer Knaur, 2005).

* **Pulos, Lee.** Der Doktor der klinischen Psychologie an der Universität von Denver hat seine Studien an den Universitäten von Indiana und Wisconsin perfektioniert. Er widmet sich der Erforschung und Lehre auf dem Gebiet der Mentaltherapien und erhielt 1966 den Preis der psychologischen Klinik der amerikanischen Psychologenvereinigung. Er hat auch als psychologischer Berater für verschiedene Sportarten gearbeitet, wie beispielsweise Mentaltraining für Athleten der Olympiamannschaft von Kanada.

* **Ragnar, Peter.** Dieser Naturforscher und Naturtherapeut aus Nordamerika hat tiefgründige Studien des Taoismus betrieben. Er erforscht die Kampfkünste und ihren Einfluss auf die Beziehung zwischen Körper und Geist und praktiziert diese auch. Derzeit ist er einer der anerkanntesten Meister für Selbstverteidigungstechniken, Gesundheit und ein langes Leben. Er ist Berater bedeutender offizieller und privater Persönlichkeiten, hält Konferenzen und Kurse und tritt in Radio- und Fernsehsendungen auf. Er hat etwa 20 Bücher veröffentlicht, darunter den Bestseller "Die Kunst und Wissenschaft, unverletzbar zu sein"*.

* **Sasson, Remez.** Der Autor und Experte für spirituelles Wachstum, Meditation, positives Denken und kreative Visualisierung ist Herausgeber der vierzehntägig erscheinenden Zeitschrift "Consciousness and Success" (Bewusstsein und Erfolg). Zu seinen veröffentlichten Werken zählen "Power and Self-Discipline" (Macht und Selbstdisziplin*) und "Visualize and Achieve" (Visualisiere und erreiche dein Ziel*). Auf seiner Website bietet er informative und praktische Artikel über den Einsatz der Mentalenergie und der Visualisierung, um Erfolge zu erzielen.

* **Varnadoe Dow, Marty.** Die Autorin und spirituelle Anführerin mit intensiver Aktivität in den Vereinigten Staaten, hat die traditionellen Religionen und Philosophien des Ostens und Westens in der Tiefe studiert. Sie unterhält die Website "Love Can Do Anything" (Die Liebe vermag alles) und erteilt dort Ratschläge. Zu ihren Büchern zählen "Developing Your Intuitive Power" (Entwickeln Sie Ihre intuitiven Kräfte*) und "Let Love Transform Your Life" (Lass' die Liebe dein Leben verwandeln*).

* **Vieira, Waldo.** Der Doktor der Medizin, Waldo Vieira, hat das Diplom in orientalischen Philosophien in Japan absolviert. Er ist Autor zahlreicher Bücher und studiert das Thema "Bewusstsein und seine außerkörperliche Projektion" seit 40 Jahren. In dieser Zeit hat er zahlreiche Bücher über dieses Spezialgebiet veröffentlicht. Er ist Begründer des Zentrums für Beständiges Bewusstsein und leitet das Internationale Institut für Projektlehre. Er ist Mitglied der Amerikanischen Gesellschaft für psychische Forschungen in New York (American Society for Psychical Research) und leitet und koordiniert derzeit die Herausgabe der ersten Enzyklopädie für Bewusstseinslehre.

---

* Dieses Buch ist bislang noch nicht auf Deutsch erschienen, die deutsche Titelangabe stellt lediglich eine wörtliche Übersetzung des Originaltitels dar. *(Anmerkung der Übersetzerin)*

1 (Anmerkung auf Seite 167, "Die Harmonie der Sphären")
Vgl. Friedrich Wilhelm Joseph von Schelling, Philosophie der Kunst, 1802/03, zitiert nach www.grow.de/Archiv/Rubriken/Esotherik/a0001_01.htm, gefunden am 27. 7. 2008

Weiterführende Informationen zu
Büchern, Autoren und den Aktivitäten
des Silberschnur Verlages erhalten Sie unter:
www.silberschnur.de oder durch
die Zusendung der beiliegenden *Postkarte*.

Ihr Interesse wird belohnt!

232 Seiten, broschiert
ISBN 978-3-89845-243-4
€ [D] 14,90

Svetlana Peunova

Die Methode der Svetlana Peunova

Ein neues System zum ganzheitlichen Heilen

In Russland ist sie bereits Kult, ihre Bücher verkaufen sich massenweise und über zehntausend Menschen kamen schon zu ihrer "Schule für geistige Entwicklung und Heilkunst". Dieses bewusst einfach gehaltene Buch, das nun endlich auch in deutscher Sprache erschienen ist, setzt dort an, wo andere enden: Es versucht, den Menschen von innen heraus zu verstehen. Es will keine Lehrmeinungen darlegen, sondern die Erkenntnisse werden von selbst in jedem Leser aufsteigen!

Ein gelungenes Buch, angereichert mit einer großen Menge an Energie und Information, das alle essenziellen Themen wie Glück, Familie, Gesundheit, Geld, Karriere oder Partnerschaft auf einzigartige Art und Weise behandelt.

176 Seiten, broschiert
ISBN 978-3-89845-126-0
€ [D] 6,95

Elizabeth Claire Prophet

Seelenpartner & Zwillingsseelen

Die spirituelle Dimension der Liebe und unserer Beziehungen

Die Suche nach der wahren Liebe und nach dem perfekten Partner ist wohl das am meisten behandelte Thema der Weltgeschichte überhaupt. Tatsächlich ist dieser Wunsch nach erfüllender Liebe jedoch eine Suche nach Ganzheit.

„Seelenpartner und Zwillingsseelen" enthüllt mit Wärme und Weisheit die spirituelle Dimension von Beziehungen und zeigt neue Wege auf, um zu Ganzheit und wahrer Liebe zu finden. Sie lernen viel Wissenswertes über Seelenpartner, Duale und karmische Partner, und man beginnt zu verstehen, weshalb man gerade bestimmte Liebschaften in sein Leben zieht – sogar, warum selbst die schwierigste Beziehung geradezu ein Sprungbrett zur perfekten Liebe sein kann.

152 Seiten, gebunden
ISBN 978-3-89845-226-7
€ [D] 14,90

Kazuo Murakami

Der göttliche Code des Lebens
Ein neues Verständnis der Genetik

Dieses in viele Sprachen übersetzte Buch ist einer der besten Beiträge zur Frage der Interaktion zwischen Genen, Umwelt und Bewusstsein. Der japanische Biowissenschaftler Murakami geht der Frage nach, ob positive Gefühle Gene aktivieren können oder, anders ausgedrückt, ob der Geist etwas mit dem körperlichen Wohlbefinden zu tun hat.
Glück, Freude, Inspiration oder Dankbarkeit können nützliche Gene aktivieren - das ist das Ergebnis der Forschungen dieses Genetikers, der seine Erkenntnisse in diesem Buch in klarer und allgemeinverständlicher Form darlegt - und so endlich der weit verbreiteten These, das Schicksal sei bereits im Genom festgelegt, eine deutliche Absage erteilt.

240 Seiten, broschiert
ISBN 978-3-89845-253-3
€ [D] 14,90

Vadim Zeland

Transsurfing 3
Vorwärts in die Vergangenheit

Im dritten Band der Erfolgsreihe beschäftigt sich Vadim Zeland damit, wie man sich auf der Zeitskala sowohl vorwärts als auch rückwärts bewegen kann. Das ist kein Trick und auch kein reines Gedankenexperiment, das hat nichts mit Astralreisen oder einfach nur mit dem Reich der Träume zu tun. Vielmehr kann jeder seine Bewegungen durch Raum und Zeit tatsächlich spüren, denn der Vorgang beruht auf einer einfachen Handlung: der Transaktion, die Sie in diesem Buch erlernen können. Sie werden dabei schnell erkennen, dass Ihre Möglichkeiten allein durch Ihre eigenen Absichten begrenzt sind ...

152 Seiten, broschiert
ISBN 978-3-89845-250-2
€ [D] 6,95

Elizabeth Clare Prophet & Mark L. Prophet
Saint Germain
Aus der Fülle schöpfen

Fülle ist mehr als nur Geld. Fülle bezeichnet den Energiefluss, der sowohl als spiritueller als auch als materieller Reich?tum aus der kosmischen Quelle zu uns herabströmt. Fülle bedeutet Liebe und Weisheit, Talente und Fähigkeiten, Geld und materielle Besitztümer – all das, was wir benötigen, um unsere Lebensaufgabe zu erfüllen. Die Möglichkeiten, aus der Fülle zu schöpfen, sind unbegrenzt, und anhand der Anleitungen eines der größten Meister, St. Germain, und der einfachen, detailliert beschriebenen Techniken ist es auch Ihnen möglich, aus Ihrer persönlichen Alchemie der Fülle schöpfen zu können ...

144 Seiten, broschiert
mit Klappe
ISBN 978-3-89845-238-0
€ [D] 10,90

Florence Scovel-Shinn
Das Lebensspiel für Frauen
... und wie es zum Erfolg führt

Die neue Frauenbibel! Nach ihrem Bestsellers "Das Lebensspiel" legt Florence Scovel Shinn mit dem Nachfolger ein speziell für Frauen geschriebenes, aber auch für Männer durchaus wertvolles Buch vor, das erhellende Antworten gibt, wie Sie tatsächlich erfolgreicher, selbstbewusster oder gelassener werden können, um so eine tief greifende Veränderung in Ihrem Leben einleiten zu können... Das Leben sollte ein Spiel sein, und dieses kleine Büchlein lehrt, wie jeder dieses Spiel erfolgreich meistern kann... Spielen Sie das Spiel des Lebens ab sofort nach Ihren eigenen Regeln!